비트코인에 가려진 세상
이더리움

: NFT, 디파이, 블록체인 게임은
왜 이더리움에서 시작했을까?

PROLOGUE

"포스트 비트코인"

NFT, 디파이, 블록체인 게임, ICO는 전부 제각각의 산업인 것처럼 보이지만 사실은 연결되어 있다. 바로 플랫폼 블록체인에서 이들은 함께 돌아가는데 그들은 전부 이더리움에서 시작되었다. NFT와 디파이의 가능성을 보고 수많은 플랫폼 블록체인이 나오고 있지만 면밀히 살펴보면 이더리움의 사용성과 크게 다르지 않다. 그렇기 때문에 플랫폼 블록체인을 이해하려고 하거나 어떤 플랫폼 블록체인이 살아남을 수 있을지 예상하기 위해서는 이더리움을 이해하고 있어야 한다. NFT, 디파이, 블록체인 게임, ICO가 왜 시장에 나왔고 왜 많은 사람들이 사용하는지 이해하기 위해서도 이더리움을 이해해야 한다. 대부분의 사람들에게 가상화폐하면 비트코인이라는 인식이 있지만 이제는 한 발짝 앞으로 나갈 시점이다.

비트코인이 왜 가치를 가지는지를 설명하는 것은 매우 어렵다. 탈중앙화나 블록체인같이 비트코인이 본질적으로 가지고 있는 가치도 존재하지만 우리가 사용하는 화폐의 가치가 계속해서 떨어지는 외부 요인도 필요하기 때문이다. 만약 비트코인이 20~30년 전에 나왔으면 지금과 같은 가치를 가지지 못했을 수도 있다. 하지만 비트코인의 내재가치를 이해한 소수의 사람들은 탈중앙화와 블록체인을 활용해 비트코인과 또 다른 사용성을 가지는 블록체인을 만들기 시작했다. 그중의 다수는 실패했지만 플랫폼 블록체인은 살아남았고 2021년 현재 시가총액이 높은 블록체인의 대부분은 플랫폼 블록체인이다. ICO, 디파이, NFT 등 실생활에서 사용될 수 있는 기술들이 계속해서 만들어지고 있고 계속해서 발전하지만 이 세상은 비트코인이란 큰 구름에 가려 잘 보이지 않는다. 구름에 대한 논의도 중요하지만 이제는 구름에 가려져 있는 더 큰 세상이 무엇인지 보려는 노력이 필요하다고 생각한다. 구름은 언젠가는 걷히고 우리가 마주하게 될 세상이기 때문이다. 다행히도 플랫폼 블록체인의 가치를 설명하는 것은 비트코인의 가치를 설명하는 것보다 훨씬 쉽다.

2021년 책을 집필하는 현재 암호화폐의 종류는 9천 개가 넘는다. 비공식적인 암호화폐를 따지면 만개도 충분히 넘을 것이다. NFT를 제외하고도 이렇게 많다. 암호화폐의 코드는 전부 공유되어 있기 때문에 누구든지 복사해서 조금만 변경하고 새로운 이름으로 만들어 낼 수 있다. 따라서 9천 개의 암호화폐가 전부 혁신적인 것은 아니다. 더 정확하게 말하자면 현재의 9천 개의 암호화폐들은 미래에 대부분은 보지 못 할 암호화폐들이다. 미래에도 살아남을 암호화폐와 블록체인을 찾는 것은 흙속에서 진주를 찾는 일과 비슷한 일이기 때문에 암호화폐에 직접적인 투자는 위험하다. 그럼에도 이 책을 쓰려는 이유는 내가 경험한 것을 공유하기 위함이다. 암호화폐 시장을 경험한 지 5년 정도 되었는데 운 좋게도 암호화폐 회사에서 4년 가까이 일을 할 기회가 있었다. 탈중앙 금융이라 불리는 디파이 산업에서 처음 1년은 마케팅으로 고객을 대면하는 일을 했고 나중 3년은 개발자로 디파이 앱을 만드는 경험을 했다. 4년간의 귀중한 경험 덕분에 가끔씩은 구름 사이로 비치는 세상을 인지할 수 있었다. 그동안 내가 경험하고 느낀 것을 최대한 자세히 알리고 싶지만 내 재능의 한계로 인해 구름 뒤의 세상을 정확하게 묘사하기는 힘들다. 따라서 이 책으로는 플랫폼 블록체인 세상의 흐릿한 몽타주를 그리는데 불과하겠지만 우리에게 다가올 세상을 상상하는데 미약하게나마 도움이 될 것을 믿는다.

코인 트레이너

CONTENTS

PROLOGUE
- 포스트 비트코인 • 5

1. 암호화폐/블록체인 시장을 이해하기 위해서 필요한 정보
- 블록체인은 세상에 없던 시장 • 13
- 암호화폐가 블록체인에 꼭 필요한 것은 아니다 • 17
- 비트코인은 폭탄 돌리기? • 19
- 블록체인이 뛰어난 기술이지만 상용화되지 않은 이유 • 23
- 나의 코인은 PDA일까 아니면 스마트폰일까? • 27
- 블록체인만 할 수 있는 금융 - 디파이 • 31
- 신뢰할 필요가 없는 스마트 컨트랙트 • 36
- 코인과 토큰 그리고 암호화폐의 차이점 • 39
- 예술가들이 블록체인으로 모이는 이유 - NFT • 41
- 메타버스와 블록체인 • 48
- 대기업이 블록체인에 뛰어들기 쉽지 않은 이유 • 51
- CBDC는 비트코인을 대체할까? • 54
- 코리아 프리미엄은 독 • 58
- 코인의 변동성이 큰 이유는 거래소 때문이다 • 61
- 시가총액이 적은 코인의 위험성 • 64
- 누구는 코인으로 몇 억 벌었다던데? • 68

2. 암호화폐/블록체인 기술이해

- 탈중앙화 시스템과 노드 • 73
- 비트코인 채굴자와 작업 증명 • 77
- 이더리움의 밸리데이터와 지분 증명 • 82
- 블록과 트랜잭션의 의미 • 86
- 블록체인에 수수료가 필요한 이유 - 가스란? • 89
- 암호화폐의 최소 단위는 소수점이다 • 93
- 이더리움 가스값이 높은데도 계속해서 사용되는 이유 • 95
- 블록체인의 가장 큰 문제: 확장성 • 101
- 확장성은 어떻게 해결할까? • 105
- Layer 2의 가장 앞선 기술 - 롤업이란? • 111
- Layer 1의 기술인 샤딩 그리고 비컨 체인 • 116
- 이더리움 블록체인은 어떻게 발전하는가 - EIP와 ERC란? • 122
- 이더리움의 역사상 가장 큰 업데이트 - EIP-1559 • 125
- 곧 그래픽카드가 싸질 수도 있는 이유 • 131
- 플랫폼 블록체인 대중화의 마지막 퍼즐 • 136
- 불로소득은 아닌 불로소득같은 스테이킹 • 141

3. 이더리움 앱 생태계

- 이더리움 블록체인의 실질적인 첫 번째 사용성 - ICO • 149
- 초기의 탈중앙화 거래소 • 153
- 탈중앙적인 스테이블 토큰의 탄생 • 157
- 탈중앙화 거래소의 춘추전국시대 • 162
- 플랫폼 블록체인에 딱 맞는 거래소의 출시 • 167
- 디파이외의 새로운 사용성의 등장 • 175
- 플랫폼 블록체인에서의 게임 • 180
- 다음 킬러앱은 무엇일까? • 186

4. 암호화폐 시장에 뛰어들기 전 알아야 할 점

- 사기꾼들의 세상 • 191
- 언젠가 한 번은 터질 폭탄 - 테더 • 193
- 정말 어려운 정부의 규제 • 197
- 아직 낮은 시장의 성숙도 • 201
- 플랫폼 블록체인의 경쟁 • 204
- 블록체인에서의 업데이트 • 209
- 온 체인 데이터 • 212
- 사이클과 분할 매수/매도 • 215
- 코인을 굳이 직접 투자할 필요는 없다 • 219

01

암호화폐/블록체인 시장을 이해하기 위해서 필요한 정보

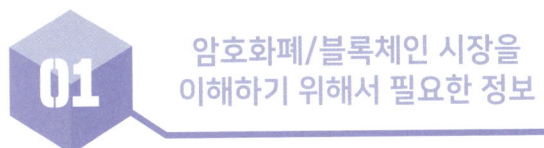

| 블록체인은 세상에 없던 시장 |

현대사회에서 돈을 보내거나 받기 위해서는 은행이 필요하다. 은행에서 계좌를 만드는 것도 쉽고 계좌번호를 사용해 돈을 전송하는 것도 쉽다. 고객은 간편하게 은행의 서비스를 사용하지만 돈은 거의 지불하지 않고 사용한다. 반면에 은행은 고객에게 간편한 서비스를 제공하기 위해서 많은 돈을 지불해야 한다. 고객의 자산 현황을 저장하고 있어야 하며 고객이 입금이나 출금을 하면 고객들의 자산 현황을 실시간으로 업데이트해주어야 한다. 이러한 업데이트들을 은행의 서버에서 처리하게 되는데 서버를 유지 및 보수, 그리고 백업을 하는데도 많은 돈을 지불해야 한다. 거기다가 서버에 대한 해킹을 방어해야 하기 때문에 보안에도 돈을 사용한다.

은행은 이윤을 내는 기업이다. 은행은 고객에게 간편한 서비스를 제공하는 대신 고객들의 예금을 사용해 대출을 해주고 수익을 얻는다. 은행은 고객들이 총 예금 한 돈보다 더 많은 돈을 대출해주기 때문에 경제를 성장시키는 데에 중요한 역할을 하지만 다수의 고객들이 은행의 돈을 인출해야 하는 사건이 일어난다면 매우 높은 확률로 은행은 파산한다. 예금자보호법에 따라 금융기관마다 5천만 원까지는 보호받을 수 있지만 5천만 원을 초과하는 금액은 보호받지 못한다. 또한 은행은 대출해준 자금을 최대한 회수하기 위해서 대출할 시 깐깐한 심사를 거쳐서 돈을 빌려준다. 어쩔 수 없이 고객은 은행이 정해준 이율에 대출을 받아야 하며 사용자가 취할 수 있는 다른 옵션은 다른 은행을 찾는 것뿐이다. 은행으로부터 간편한 서비스를 제공받지만 공짜라고 할 수는 없는 이유이다.

만약 사용하던 은행이 재정상의 이유로 갑자기 전송에 많은 수수료를 부과하거나 대출 이율을 높인다면 다른 은행을 사용하면 된다. 내가 오랫동안 사용했던 은행을 떠나는 것은 아쉽지만 금전적인 손해를 보는 것은 아니다. 하지만 금융권 바깥에서는 기업의 재정악화나 정책의 변경으로 인해 고객들이 금전적인 손해를 보는 경우가 종종 있다. 전자상거래 플랫폼에 물건을 판매하는 경우 플랫폼 수수료를 지불한다. 만약 전자상거래 플랫폼의 결정으로 플랫폼 수수료 비용이 올라간다면 다른 전자상거래 플랫폼을 대체해서 사용할 수 있지만 지금까지 플랫폼에 쏟았던 노력은 물거품으로 돌아간다. 만약 해당 플랫폼이 전자상거래 시장의 점유율을 대부분 가지고 있다면 울며 겨자 먹기로 플랫폼의 결정에 따를 수밖에 없다. 게임의 경우도 마찬가지다. 고객들은 많은 돈을 소비해 뽑기 형식으로 아이템을 구매하지만 게임 회사는 게임 아이템 확률의 퍼센트를 공개하지 않을 수도 있고 퍼센트를 독단적으로 변경할 수 있다.

은행, 전자상거래, 게임의 경우처럼 기업의 결정으로 서비스의 정책이 변경되는 경우 사용자가 취할 수 있는 옵션이 별로 없다. 불리함을 감수한 채 계속해서 사용하거나 플랫폼을 떠나는 것뿐 기존의 서비스를 계속해서 사용할 수 있는 옵션은 사용자에게 없다. 하지만 블록체인은 기존 시스템에 존재하지 않는 옵션이 존재한다. 바로 기존의 서비스를 계속해서 사용할 수 있는 옵션이다.

블록체인 안에서는 더하기만 할 수 있다. 쉽게 말해서 블록체인에 새로운 서비스를 추가할 순 있지만 이미 추가되어있는 서비스를 블록체인에서 뺄 수는 없다. 따라서 기업이 블록체인 안에서 서비스의 정책을 변경하기 위해서는 블록체인에 새로운 서비스를 추가해야 한다. 그럼 블록체인 안에는 기존의 서비스와 새로운 서비스 두 가지 버전이 존재하게 되며 기존의 서비스에서 새로운 서비스로 옮겨가는 것은 사용자의 몫이다. 사용자는 새로운 서비스가 더 좋으면 변경하고 좋지 않다면 기존의 서비스를 계속해서 사용할 수 있다. 블록체인은 사용자에게 따라가지 않을 자유를 준다. 즉, 블록체인에서 서비스를 변경하는 것은 기업만 결정하는 것이 아니라 기업과 사용자가 함께 결정해야 이뤄진다.

블록체인에서 이런 새로운 형태의 서비스를 만들 수 있는 것은 블록체인이 하나의 탈중앙 서버이기 때문이다. 전자상거래 플랫폼 기업이 그들의 서비스 정책을 자체적인 결정으로 변경할 수 있는 이유는 플랫폼의 모든 정보가 해당 기업의 서버에 저장되어 있기 때문이다. 사측 서버에 저장된 데이터들은 그들이 소유하고 사용하고 있으며 사유재산이기 때문에 다른 기업과 공유하지 않는다. 따라서 데이터나 서버 및 의사 결정이 전부 중앙화 되어있다. 기존 시스템과는 다르게 블록체인에서는 블록체인 자체가 서버의 역할을 하기 때문에 따로 서버가 필요 없다. 블록체인에 저장되는 데이터는 사측 서버나 하나의 컴퓨터에 저장되는 것이 아니라 블록체인에 참여하는 누구든지 저장이 가능하다. 블록체인이 하나의 서버이면서 공공의 성격도 가지는 이유이다. 누구든지 데이터를 저장할 수 있고 누구든지 블록체인에 저장된 데이터를 다운로드할 수 있다. 공적인 성격을 가지고 있으니 매우 비효율적이지만 안전하고 탈중앙적이다. 어느 누구도 독단적으로 저장된 내용을 변경할 수 없으며 더 이상 데이터들이 저장될 수 없도록 블록체인을 멈추게 만드는 것도 불가능하다. 블록체인은 모든 참여자가 데이터를 더 이상 저장하지 않게 되면 비로소 멈춘다.

블록체인은 기존 시스템과 다른 성격을 띠고 있기 때문에 잘 발전되고 활용된다면 많은 산업에 또 다른 옵션을 가져다줄 것이다. 블록체인을 활용한 서비스는 기존의 서비스를 대체할 수 있는 것도 있고 대체할 수 없는 것도 있다. 기존에 보지 못했던 서비스를 제공할 수도 있다. 하지만 지금 블록체인의 미래를 그리는 것은 90년대에 인터넷의 미래를 그리는 것과 같다고 생각한다. 천리안이나 나우누리 같은 인터넷 서비스를 보고 2020년의 인터넷 세상을 예상할 수 없는 것처럼 지금의 블록체인 서비스를 보고 20~30년 뒤에 올 세상을 예상하는 것은 거의 불가능하다. 그렇지만 최근 몇 년간 블록체인에서 나오고 있는 서비스들과 그들의 발전 속도를 보고 있으면 누구나 블록체인 기술을 사용하게 되는 세상은 분명히 올 것이라고 감히 예상해본다. 지금도 사용할 만한 실용적인 서비스들이 손에 꼽지만 존재한다. 이미 블록체인 시대는 시작되었다.

| 암호화폐가 블록체인에 꼭 필요한 것은 아니다 |

가상화폐 또는 암호화폐로 불리는 코인들은 블록체인 내에서 수수료로 사용된다(수수료로 사용되지 않는 코인들은 토큰이라고 한다). 비트코인은 비트코인 블록체인에서 수수료로 사용되고 이더 코인은 이더리움 블록체인에서 수수료로 사용된다. 코인들은 블록체인 서비스를 사용할 때 수수료로 사용될 뿐만 아니라 블록체인을 돌아가도록 도움을 주는 참여자들에게 보상으로도 사용된다. 비트코인은 2021년 기준 하루에 약 900개씩 생성되며 생성된 900개는 비트코인 블록체인이 돌아가도록 컴퓨터 파워를 제공하는 참여자들에게 나눠진다. 블록체인은 하나의 서버 또는 하나의 큰 컴퓨터이기 때문에 컴퓨터의 역할을 할 수 있도록 참여자들로부터 컴퓨터 파워를 제공받아야 한다. 또한 최대한 많은 참여자가 참여하고 그들이 컴퓨터 파워를 24시간 동안 제공해야 블록체인이 제 역할을 할 수 있다. 참여자들은 비트코인이라는 금전적인 보상이 주어지기 때문에 컴퓨터 파워를 최대한 오랫동안 많이 제공하려고 노력한다.

만약 금전적인 보상 없이 많은 참여자들의 컴퓨터 파워를 24시간 동안 제공받을 수 있다면 블록체인에는 암호화폐가 굳이 필요 없다. 네이버 지식인에서 답변을 하고 채택이 되면 전문가 지수를 받는 것처럼 암호화폐 대신 '신용 점수'를 사용할 수도 있으나 암호화폐 대신 신용 점수를 사용 한 블록체인 중 성공한 프로젝트는 아직까지 없었다. 더 정확히는 암호화폐를 사용하지 않은 블록체인 중 그렇다 할 성과를 낸 블록체인이 지금까지는 없었다. 암호화폐를 아예 사용하지 않은 블록체인도 있다. 바로 프라이빗 블록체인이다. 블록체인 안에서 결정권은 탈중앙화 되어있기 때문에 기업이 블록체인에 참여하기 쉽지 않다. 그래서 이들은 프라이빗 블록체인을 사용하는데 프라이빗 블록체인에서는 기업이 선택하는 참여자만 블록체인 데이터를 저장하고 블록체인을 돌아가도록 도움을 줄 수 있다. 즉, 블록체인이면서 중앙화인 특징을 가지고 있다. 기업이 직접 또는 지정한 사람이 블록체인을 돌아가게 하기 때문에 보상이 필요 없다는 장점이 있지만 대중적으로 사용되지는 않는다는 것이 단점이다. 사측 서버를 사용하는 것보다 프라이빗 블록체인을 굳이 사용해야 하는지도 의문이다. 블록체인 내에서 누군가 독단적으로 결정할 수 있다면 블록체인이 사용되는 의미는 퇴색된다. 비효율적이면서 안전하지 않고 중앙적인 블록체인을 사용하는 것보단 자체적으로 서버를 사용하는 게 낫다.

"블록체인은 필요한 기술이지만 암호화폐는 필요 없다"라는 말을 종종 듣곤 한다. 반은 맞고 반은 틀리다. 암호화폐를 사용하지 않은 블록체인은 지금까지 성공한 적이 없기 때문에 현재 대부분의 블록체인은 암호화폐를 사용한다. 최대한 많은 사람의 컴퓨터를 24시간 동안 블록체인에 참여하게 하기 위해서는 금전적인 보상만큼 효과적인 것이 없다. 참여자들의 컴퓨터가 꺼지면 블록체인의 안정성도 낮아진다. 비효율적인 블록체인이 안전하지도 않는다면 사용가치가 없다.

| 비트코인은 폭탄 돌리기? |

　비트코인은 현재 몇 천만 원에 거래되고 있다. 비트코인은 놀라울 정도로 상승하고 하락하지만 2년 주기로 보면 계속해서 올라가고 있기 때문에 언젠가는 터지는 폭탄 돌리기가 아니냐는 시선을 받기도 한다. 사람들은 400년 전의 일인 17세기의 튤립 버블 사건까지 가져와서 비교하지만 비트코인은 튤립과는 다르게 10년간 꾸준하게 상승하고 있다. 비트코인이 이렇게 큰 가치를 가질 수 있게 된 것은 달러나 원화 같은 명목화폐의 대척점에 서있기 때문이다. 경제는 상승기와 하락기를 반복한다. 경제는 좋고 나쁨을 계속해서 반복하면서 사이클을 만들게 되는데 이 사이클을 최대한 완만하게 하기 위해 정부는 금리를 조절한다. 경제가 좋으면 금리를 높여서 사이클의 고점을 낮추고 경제가 나쁘면 금리는 낮춰서 사이클의 저점을 높인다. 그렇기 때문에 이론적으로 금리는 경제의 상승기와 하락기에서 올라갔다 내려갔다 하며 어느 정도 수준을 유지했어야 하지만 실제론 금리는 지난 30~40년간 꾸준하게 하락했다. 80년대에서 90년대에는 은행에 정기 예금만 해도 10~20%의 이자가 나오는 시기였지만 지금은 0.5% 정도 나온다. 우리나라만의 문제는 아니다. 미국의 금리도 꾸준히 하락했고 일본의 금리도 꾸준히 하락했다. 마이너스 금리도 존재하는 시대다.

　금리가 중요한 이유는 원화의 가치가 매년 낮아지고 있기 때문이다. 시기에 따라 다르지만 미국 중앙은행과 한국은행은 연간 2%의 물가상승률을 목표로 두고 있다. 다시 말해서 원이나 달러의 가치가 매년 2%씩 줄어들고 있다는 뜻이다. 20년 전의 물가와 지금의 물가를 비교하면 원화의 가치가 얼마나 낮아졌는지 알 수 있다. 예전에는 낮아진 원화가치보다 예금 금리가 더 높았기 때문에 원화를 가지고 있는 것이 좋은 투자 수단이었지만 지금은 금리보다 원화의 가치가 떨어지는 속도가 더 빠르기 때문에 현금만을 가지고 있는 것이 좋은 투자 수단이라고 할 수 없다. 거기에 코로나로 인해 돈을 찍어내는 양적완화들이 이루어지고 있기 때문에 원화의 가치가 이전보다 더 빠르게 낮아지고 있다. 지금까지 원이나 달러 같은 명목화폐의 대척점에 서있던 것은 금이었다. 금이 반대편에 설 수 있었던 이유는 연간 인플레이션이 적기도 하고 원화나 달러보다 더 오래 사용한 자산이기 때문이라고 생각한다. 하지만 비트코인의 출현은 또 다른 이유로 명목화폐의 반대편에 설 수 있었던 것 같다. 경제가 좋을 때도 원화는 매년 약 2%씩 가치가 줄고 있다. 하지만 2021년 비트코인은 매일 900개의 비트코인이 생성되기 때문에 매년 약 1.81%씩 가치가 줄어들고 있다. 경제가 좋던 나쁘던 비트코인의 인플레이션은 달라지지 않는다. 즉, 인플레이션의 관점에서는 비트코인이 원화보다 우위에 있다고 할 수 있다. 거기다가 2024년에는 원화의 가치가 매년 적어도 2%씩 줄어들겠지만 비트코인은 0.9%씩 가치가 줄어들게 된다. 2028년의 비트코인 인플레이션은 0.45%이다. 이것이 좋고 나쁨을 떠나 명목화폐에 비교해서 인플레이션이 적은 자산이기 때문에 비트코인을 포트폴리오에 조금이나마 포함해 놓는다면 원화의 가치가 낮아지는 것이 두려운 사람들에게는 좋은 보완책이 될 수 있다. 이러한 이유로 최근 메이저 은행들의 긍정적인 비트코인 리포트나 기업들의 비트코인 구매가 시작되었다고 생각한다.

하지만 금이 원화를 대체할 수 없는 것처럼 비트코인도 원화를 대체하는 수단이 아니다. 만약 달러나 원화가 비트코인처럼 적은 인플레이션을 가지고 있었다면 우리는 코로나 시대에 더 큰 위기를 겪었을 것이다. 또한 비트코인은 변동성이 너무 크기 때문에 물건을 구매하거나 대출을 주고받는 화폐로 사용되기 힘들다. 그럼에도 비트코인이 자산으로서 최근에 주목받는 이유는 원화의 대척점에 서 있는 자산으로 보이고 있고 그동안에 원화의 가치가 빠르게 낮아지고 있기 때문이다. 만약 몇 년 후 경제가 좋아져 원화의 금리가 상승하고 원화의 강세가 온다면 반대편에 있는 비트코인은 약세가 될 것이다. 하지만 경제의 위기는 주기적으로 찾아올 수밖에 없고 위기를 타개하기 위해 또다시 금리를 내리고 양적완화를 하게 된다면 또다시 사람들은 비트코인은 떠올리고 포트폴리오에 편입시킬 가능성이 높다. 거기다가 비트코인의 인플레이션은 계속해서 낮아지니 생성되는 비트코인의 개수는 지금보다 반으로 줄어있거나 반의 반으로 줄어있게 된다. 따라서 비트코인이 원화의 반대 포지션을 앞으로도 계속해서 지켜나갈 가능성이 높다고 생각한다.

금리만큼이나 환율도 비트코인을 명목화폐의 반대편에 서게 만든 원인이라고 생각한다. 우리나라의 경제상황은 지난 20년간 좋았기 때문에 경제위기를 제외하고는 미국 달러와 원화의 환율은 박스권에서 오르락내리락하는 수준이었다. 미국과 한국의 성장률도 매년 5% 이상 차이가 난 적이 거의 없었기 때문에 미국의 물가상승률과 한국의 물가상승률은 그다지 다르지 않았다. 하지만 한국과 달리 적지 않은 국가들은 지난 10여 년 동안 미국 달러와 자국 화폐의 환율이 무너지는 경험을 하고 있다. 2013년에는 아르헨티나 페소 1달러로 0.2 미국 달러를 바꿀 수 있었지만 지금은 0.01 미국 달러로만 바꿀 수 있다. 지난 8년간 아르헨티나 페소의 가치는 미국 달러에 비해 1/20 만큼 떨어졌다. 터키 리라의 가치는 지난 8년간 미국 달러에 비해 약 1/4.6 만큼 떨어졌고 브라질 레알화는 미국 달러에 비해 약 1/2.9 만큼 떨어졌다. 우리나라 원화로 예를 들면 미국 달러 환율이 3천 원, 5천 원, 2만 원이 된다는 것이니 환율이 무너지고 있는 나라에선 물가 상승률이 어마어마할 수밖에 없다. 더군다나 터키와 브라질은 명목 GDP 순위 20위권 안에 드는 나라이고 아르헨티나는 30위쯤 하는 나라이니 이들보다 경제규모가 더 적은 나라에서는 더 큰 폭의 물가 상승률을 경험하고 있을 가능성이 높다. 한국이나 미국 같은 선진국에서도 원화나 미국 달러의 가치가 약해지는 것을 방어하는 수단으로 비트코인이 매력적으로 보이는데 터키 리라나 아르헨티나 페소 기준으로 비트코인은 더욱 매력적으로 보일 수 있다.

비트코인을 투자하는 것은 폭탄 돌리기가 아니라는 정확한 지표도 있다. 비트코인 데이터를 볼 수 있는 Glassnode 사이트에는 최근 1년간 움직이지 않은 비트코인의 수량을 볼 수 있는 차트가 있다. 이 차트에 따르면 2020년 한 해 동안 비트코인의 가격은 최저 6백만 원에서 최고 3천만 원까지 변동성이 매우 컸지만 1년간 움직이지 않은 비트코인의 수량은 총 비트코인의 수량에서 58%에서 63% 사이였다. 꽤 많은 비트코인의 수량이 가격에 상관없이 팔지 않고 보관되고 있다는 뜻이다. 2020년 기준 2년간 움직이지 않은 비트코인의 수량은 40%가 넘었고 3년간 움직이지 않은 비트코인의 수량은 28%가 넘었다. 생각보다 많은 수의 비트코인은 장기적인 관점으로 투자되고 있으며 2017년의 높은 가격에도 떠 넘기지 않은 수량이 꽤 있다는 것을 보여준다.

❙ 블록체인이 뛰어난 기술이지만 상용화되지 않은 이유 ❙

비트코인이 왜 가치를 가지는지를 설명하는 것은 매우 어렵다. 탈중앙성이나 블록체인 기술같이 비트코인이 본질적으로 가지고 있는 가치도 존재하지만 우리가 사용하는 화폐의 가치가 계속해서 떨어지는 외부 요인도 필요하기 때문이다. 만약 비트코인이 20~30년 전에 나왔으면 지금의 가치를 가지지 못했을 수도 있다. 블록체인 기술은 다양하게 사용될 수 있고 잠재력도 많지만 비트코인을 설명할 때는 많을 시간을 비트코인의 인플레이션과 달러의 금리, 환율의 관계에 대해서 이야기해야 한다. 따라서 비트코인은 블록체인 기술의 잠재력을 보여준 네트워크이지 잠재력을 폭발시킬 네트워크는 아니라고 생각한다.

하지만 누군가 꼭 암호화폐를 투자하고 싶다면 보통 비트코인을 추천한다. 시가총액이 높아서 변동성이 그나마 가장 적은 암호화폐인 이유도 있지만 가장 큰 이유는 비트코인은 이미 완성된 네트워크이기 때문이다. 비트코인 외의 대부분의 블록체인은 현재 계속해서 개발 중이니 미완성인 네트워크들이지만 비트코인은 변화가 거의 없다. 따라서 개발이 잘 못될 위험이 거의 없는 투자이다. 비트코인 블록체인은 보통 초당 2개에서 5개 사이의 거래를 성사시킬 수 있다. 비자가 보통 초당 1700개의 거래를 성사시키기 때문에 비트코인 블록체인이 실생활에서 사용되기엔 무리가 있다. 그럼에도 비트코인은 이미 금과 같이 달러의 인플레이션을 피하는 데 사용되고 있기 때문에 비트코인 커뮤니티는 비트코인 블록체인을 업데이트해 전송 외의 다양한 기능이나 초당 거래 수를 늘리려는 노력을 하지 않는다. 지금의 사용성을 유지하면서 블록체인 바깥에서 초당 거래

수를 해결하려고 하려는 라이트닝 네트워크 같은 기술도 개발되고 있지만 이 기술도 실생활에서 사용되기엔 넘어야 하는 장애물이 너무 많다.

블록체인은 비효율적이지만 다양하게 사용될 수 있는 데에 잠재력이 있다. 하지만 비트코인 블록체인은 세상에 처음 나온 블록체인이기 때문에 비효율적이면서 단순 전송으로만 사용되고 있다. 비트코인 이후에 다양한 블록체인들이 탄생했고 몇몇의 블록체인들은 여전히 비효율적이지만 다양하게 사용될 수 있는 가능성을 보여주었다. 암호화폐를 사용해서 쉽게 클라우드 펀딩을 모으거나, 남을 믿지 않고도 대출을 해주고 빌릴 수 있거나, 서로 모르는 사람끼리 암호화폐를 교환하는 등의 사용성을 보여주는 플랫폼 블록체인들이 이더리움을 필두로 다양하게 생겨났다. 플랫폼 블록체인의 탄생은 분명 더 많은 사람들을 블록체인 시장으로 불러오고 있다.

그럼에도 불구하고 플랫폼 블록체인을 사용하는 사람이 소수인 이유는 블록체인이 비효율적이기 때문이다. 블록체인 네트워크에 참여하는 사람(노드)들은 전부 똑같은 기록을 저장하고 공유하고 있기 때문에 노드가 백 명이든 만 명이든 모두 다 똑같은 일을 한다. 매우 비효율적이다. 여기서 노드란 파일을 공유하는 토렌트에서 같은 파일을 공유하는 피어와 비슷한 역할이다. 거기다가 블록체인에서는 노드끼리 합의도 해야 하기 때문에 노드가 많으면 많을수록 더욱 비효율적이다. 즉, 노드의 숫자가 많으면 많을수록 같은 파일을 많은 사람들이 공유하고 있기 때문에 탈중앙성은 높아지지만 노드의 숫자에 비례해서 블록체인 시스템은 비효율적이 된다. 그렇기 때문에 효율적인 블록체인과 높은 탈중앙성을 한

번에 잡는 것이 현재 모든 블록체인들이 찾고 있는 해답이다.

　효율적인 블록체인을 만들기 위해서 노드의 숫자를 줄이는 블록체인들도 존재하지만 이들의 블록체인이 실생활에서 사용될 가능성은 매우 낮다. 블록체인이 아무리 빠르다 하더라도 탈중앙성이 낮다면 해킹에 노출될 위험성이 높아지기 때문에 해당 블록체인을 신뢰할 수 없다. 이러한 블록체인은 서버를 사용하는 현재의 시스템에 비교해서 이점이 거의 없기 때문에 굳이 비효율적인 블록체인 시스템을 사용할 필요가 없다. 따라서 블록체인이 성공하기 위해서는 현존하는 시스템이 가지고 있지 않은 특성을 가지고 있어야 하고 그 특성은 바로 탈중앙성이다. 이러한 이유로 블록체인은 절대 노드의 숫자를 줄여서는 안 되고 최대한 많은 사람들을 노드로 끌어들여야 한다. 궁극적으로는 스마트폰들도 노드의 일부분으로 참여해 높은 수준의 탈중앙성을 보여줄 것이라고 생각한다.

　만약 블록체인의 잠재력이 폭발된다면 엄청나게 많은 기록들이 저장되어야 한다. 예를 들어 SNS 앱이 플랫폼 블록체인에서 사용된다면 글을 등록하고 답글을 달고 좋아요를 누르는 기록 하나하나 저장되어야 하고 모든 노드들은 이 기록을 저장해야 한다. 만약 블록체인에 저장되는 데이터가 하루에 1기가 바이트(GB)씩 늘어난다면 이 기록을 저장하는 사람들의 노드 숫자는 줄어들 것이다. 만약 100기가 바이트씩 하루에 늘어난다면 개인은 노드가 될 수 없다. 따라서 저장되는 기록의 양이 적정하게 유지되어야 탈중앙성이 유지된다. 하지만 하나의 플랫폼 블록체인에 수만 가지 앱이 올라간다면 하루에 100기가바이트가 넘는 데이터가 쏟아져 나올 것이다. 따라서 플랫폼 블록체인의 성공 조건은 다음과 같다.

탈중앙화는 유지하면서 블록체인 기록 데이터 사이즈도 적정하게 유지되어야 한다. 동시에 무한대에 가까운 기록을 '수용'해야 한다. 매우 어려운 숙제이기 때문에 지난 몇 년 동안 해결되지 못한 과제이며 앞으로 몇 년 동안 해결될 숙제라고 생각하지 않는다. 하지만 해마다 점진적으로 나아질 것이고 언젠가는 해결될 문제이다. 이것을 풀어내는 플랫폼 블록체인은 분명 비트코인의 시가총액을 넘어갈 것이라고 생각한다. 이 시대가 온다면 블록체인은 실생활에서 충분히 사용될 수 있고 엄청나게 많은 산업이 블록체인 세상으로 들어올 것이다.

우리는 단일 프로토콜이 얼마나 강력한지 인터넷을 보면서 경험했다. 거의 모든 산업이 같은 TCP/IP 인터넷 프로토콜을 사용했기 때문에 인터넷에서는 많은 혁신이 일어났다. 미래에 많은 산업이 또 다른 단일 프로토콜인 플랫폼 블록체인 또는 웹 3.0에서 만나게 되면 지금으로서는 예상할 수 없는 융합과 혁신이 일어날 것이라고 믿는다.

| 나의 코인은 PDA일까 아니면 스마트폰일까? |

PDA와 스마트폰의 기능은 그다지 차이가 없다고 생각한다. 다양한 소프트웨어를 핸드폰에서 사용할 수 있다는 점에서 매우 혁신적인 제품이지만 PDA는 성공을 하지 못한 비운의 제품인 이미지가 있고 스마트폰은 이제 우리와 떼려야 뗄 수 없는 아이템이다. 운영체제로 둘을 구별하지만 개인적으로는 PDA와 스마트폰의 차이를 가른 것은 아이폰이라고 생각한다. 아이폰 이전에 수많은 PDA폰이 있었지만 대중적이지는 못했고 아이폰 이후에야 스마트폰의 대중화를 이끌었다.

만개 가까이 존재하는 암호화폐는 크게 3가지 종류로 압축된다. 하나는 비트코인처럼 대부분 전송에 사용되는 블록체인의 화폐들이고 또 다른 하나는 플랫폼 블록체인의 화폐들이다. 그 외에는 플랫폼 블록체인에서 돌아가는 앱에 사용되는 화폐이다. 이 세 가지에 포함되지 않는 암호화폐도 있겠지만 거의 대부분은 세 군데 중 하나에 속한다. 미래에는 플랫폼 블록체인에 돌아가는 앱들에 충분한 투자가치가 있을 것이라고 생각한다. 아이폰을 만든 애플의 기업가치도 충분히 높지만 아이폰에 들어가 있는 모든 앱들의 기업가치가 애플의 기업가치보다 높다. 하지만 앱들에 사용되는 암호화폐를 지금 투자하기에는 리스크가 너무 크다. 블록체인 시장에 아이폰이 아직 나오지 않았기 때문이다. 누군가 카카오톡과 똑같은 앱을 만들더라도 PDA에 만들었다면 지금의 카카오톡과 같은 가치를 만들어낼 수가 없었던 것처럼 아무리 뛰어난 앱이 나오더라도 플랫폼 블록체인이 뛰어나지 않다면 무용지물이다.

암호화폐 시장에는 수많은 플랫폼 블록체인들이 존재한다. 이들은 PDA와 스마트폰처럼 기능을 구현하는 기술이나 방법은 전부 다르지만 지향하는 목표는 다 비슷비슷하다. 수많은 블록체인 앱들의 윈도나 맥 또는 안드로이드나 IOS가 되려 한다. 현재 수많은 플랫폼 블록체인들은 수많은 PDA로 이뤄져 있다. 얼마나 걸릴지는 예상하기 힘들지만 한동안 암호화폐 시장은 어떤 플랫폼 블록체인이 아이폰인지 판명해나가는 과도기를 겪을 것이라고 생각한다. 누가 아이폰이 될 것인지는 아무도 모르지만 아이폰이 될 블록체인은 다음과 같은 특징을 가질 것이다. 노드의 수가 많아야 하고 노드에는 최대한 많은 사람들이 참여 해 소수의 사람이 다수의 노드를 독점하지 않아야 한다. 그리고 노드들은 24시간 동안 블록체인 장부를 저장하고 공유하도록 노력해야 한다. 그리고 블록체인 장부에는 최대한 쓸모 있는 정보만 저장해 최대한 많은 기록을 수용할 수 있어야 한다.

윗 문제는 '블록체인의 트릴레마'라고도 불린다. 탈중앙성, 보안성, 확장성을 한 번에 해결하기 쉽지 않다는 고민에서 나왔다. 대부분의 플랫폼 블록체인들은 이 세 가지중 두 가지만 만족한다. 보안성을 버릴 수는 없기 때문에 대부분의 플랫폼 블록체인들은 탈중앙성 또는 확장성을 현재는 포기하고 기술을 발전해 궁극적으로는 전부 해결하려는 목표를 가지고 있다. 하지만 탈중앙성을 버리고 확장성을 먼저 취한 경우엔 중앙화 시스템으로 이득을 보는 집단이 그 끈을 놓지 않으려 하기 때문에 미래에 탈중앙성으로 변경되기가 어렵다. 또한 블록체인 시스템이 전부 중앙화 시스템에 맞춰있기 때문에 확장성을 높은 수준으로 높였다 하더라도 탈중앙화 시스템으로 변경하게 되면 중앙화 시스템만큼의 확장성을 갖기가 쉽지 않게 된다. 탈중앙성을 버리고 확장성을 취한 예로는 노드의 숫자를 제한한 것이 일반적이다. 노드들은 블록체인 장부를 저장하고 공유하는 것이 주된 임무지만 그 외에도 서로 다양한 문제에 합의를 진행한다. 만약 두 개 이상의 노드가 동시에 새로운 기록을 장부에 저장하고 공유한다면 블록체인의 룰에 따라 노드들은 합의해야 한다. 만약 노드가 한 개라면 합의가 필요 없다. 노드가 두 개면 한 번의 합의가 필요하고 노드가 세 개면 세 번의 합의 그리고 노드가 네 개면 여섯 번의 합의가 필요하다. 그렇기 때문에 노드가 많으면 많을수록 합의의 숫자는 많아진다. 노드의 숫자가 30개라면 노드의 숫자가 만개인 경우보다 더욱 쉽게 합의할 수 있다.

훨씬 적은 숫자의 노드들이 합의하고 공유하면 되기 때문에 더 효율적이지만 두 가지가 큰 문제이다. 하나는 노드들의 카르텔 화이다. 이러한 블록체인에서는 적은 노드의 숫자를 가지고 있기 때문에 노드들을 투표해서 선정한다. 이때 하나의 코인은 보통 하나의 투표권을 가지기 때문에 굉장한 숫자의 코인을 가지고 있는 사람들이 노드를 만들 수 있다. 직접 본인이 노드가 될 수도 있다. 본인에게 투표를 할 수 없는 경우라도 코인이 많은 사람들끼리 서로 투표하고 밀어주는 양상이 일어나게 된다. 이러한 블록체인을 오랫동안 살펴보면 선정된 30개의 노드들이 긴 시간 동안 변하지 않는다. 노드들은 서로 아는 사이가 되며 직접 연락도 하는 사이로 발전하기도 한다. 이렇게 30명이 카르텔화 된 집단에서 다른 목소리를 내면 집단에서 내쳐지며 노드의 카르텔은 더욱 공고화된다. 이러한 블록체인을 사람들이 신뢰하지 않는 것은 당연하다.

두 번째의 문제는 블록체인의 신뢰이다. 노드의 숫자를 제한하는 것은 대의민주주의와 비슷하다. 우리가 정치인을 투표하고 정치인이 우리를 대신해 정치를 한다. 우리나라 국민은 너무 많기 때문에 모두가 광장에 모여서 법안에 대해 논의하고 투표할 수가 없다. 너무 비효율적이기도 하다. 그래서 우리를 대신할 정치인을 뽑고 그들에게 정치를 맡기지만 정치인의 신뢰도는 항상 바닥을 친다. 우리나라뿐만 아니라 다른 나라에서도 가장 못 믿을 직업의 1위는 정치인인 경우가 많다. 신뢰가 가장 중요하고 직접민주주의가 충분히 가능한 블록체인 세상에서 대의민주주의를 사용하는 블록체인을 굳이 사용할 필요가 없다.

이러한 이유로 탈중앙을 버리고 확장성을 취한 블록체인은 스마트폰보다는 PDA가 될 가능성이 높다. 그럼 탈중앙성을 취하고 확장성을 버린 블록체인들은 어떻게 궁극적으로 확장성을 가져올 수 있을까? 확장성을 해결하는 것은 지난 4-5년간 블록체인의 주된 관심사였기 때문에 해결방법이 매우 다양하고 복잡하다. 하지만 크게 보면 두 가지로 나눌 수 있다. 하나는 해당 블록체인을 더 효율적으로 쓰는 방법이 있고 또 다른 하나는 더 효율적인 두 번째 블록체인이나 채널을 만들어서 불필요한 거래는 두 번째 블록체인이나 채널에서 담당하고 꼭 필요한 정보만 첫 번째 블록체인에 저장하는 방식이다. 전자는 Layer 1 확장성 해결 방법이라 말하고 후자는 Layer 2 확장성 해결방법이라 말한다. 결국에는 두 개 다 사용해야 거의 무한대의 거래를 수용할 수 있다고 생각한다. Layer 1과 Layer 2의 확장성 해결 방법은 두 번째 챕터에서 더 자세하게 다룬다.

| 블록체인만 할 수 있는 금융 - 디파이 |

디파이라는 용어는 아직 생소한 개념이긴 하지만 미래에는 자주 사용될 것을 믿어 의심치 않는다. 용어의 이름이 바뀔 수는 있지만 현재의 디파이 시장은 계속해서 커질 것이라고 생각하기 때문이다. 디파이는 (DeFi, Decentralized Finance) 탈중앙 금융을 줄여서 디파이(DeFi)로 부르는데 디파이를 가장 쉽게 정의하면 블록체인에서 사용되는 금융 시스템이다. 만약 돈을 전송하고 받을 수 있는 앱인 토스나 카카오 뱅크가 블록체인에서 사용된다면 디파이라고 할 수 있지만 이 두 개의 앱들은 블록체인이 아니라 자체 서버를 사용하고 기업에 의해 운영되는 앱이기 때문에 토스는 탈중앙화 금융이 아니라 중앙화 금융이다. 중앙화 금융은 시파이(CeFi, Centralized Finance)라고도 부른다.

디파이가 최근 언급되는 이유는 기존 금융 시스템에서 해결할 수 없었던 새로운 대안을 제시하기 때문이다. 토스를 사용하게 되면 은행을 통해서 전송하는 것보다 더 편리하게 전송할 수 있는 대안을 제시하는 것처럼 블록체인에서도 은행의 대안이 될 수 있는 앱들이 나오고 있다. 기존의 금융 시스템은 거의 대부분 은행에서 담당한다. 예금과 대출, 거래, 투자, 펀딩, 보험 등 많은 금융 서비스들을 은행에서 담당하기 때문에 은행 창구에서 편리하게 모든 업무를 볼 수 있다. 그렇지만 너무나 많은 힘을 은행이 가지기 때문에 여러 가지 문제들이 존재한다. 은행은 잘 변화하려 하지 않고 예금 및 대출의 이자율, 대출의 양, 계좌 구설 조건 등 전부 은행들이 결정한다. 현재의 금융 시스템은 매우 중앙화 되어 있다고 할 수 있다.

그와 반면에 블록체인의 앱은 어떤 누군가 결정하는 것이 아니라 사용자들끼리 결정하는 것이기 때문에 디파이에서 예금과 대출의 이자율은 수요과 공급에 의해 정해지고 얼마큼의 대출을 받을 것인지는 사용자가 직접 결정한다. 블록체인에서 신용대출은 쉽지가 않기 때문에 거의 대부분은 담보 대출로 이뤄지지만 담보 대출을 기준으로 보면 디파이는 은행의 대안이 될 만한 장점이 꽤 있다. 일단 현재의 디파이 담보대출은 사용자의 암호화폐를 담보하고 대출이 이뤄지는데 대출을 원하는 즉시 담보를 걸고 대출을 받을 수 있다. 이 과정에서 복잡한 서류나 불필요한 시간은 필요하지 않는다. 암호화폐를 담보 걸고 달러(달러의 가치를 가지는 암호화폐)를 대출을 받는 두 개의 액션만 취하면 대출을 받을 수 있다. 담보는 스마트 컨트랙트라는 곳에 저장되며 담보된 암호화폐의 가치가 대출받은 가치보다 낮아질 경우에는 스마트 컨트랙트는 담보된 암호화폐를 시장에 팔아 대출받은 만큼의 달러를 갚는다. 스마트 컨트랙트는 다음번 주제에서 한번 더 이야기하겠지만 쉽게 설명하면 은행의 일을 프로그램이 자동으로 해준다고 이해하면 쉽다. 주택담보대출을 받은 경우 집값이 대출받은 돈보다 내려갈 경우 은행은 담보된 집을 팔아 대출을 갚는 것처럼 스마트 컨트랙트도 결정되어있는 룰에 따라 은행처럼 행동한다. 스마트 컨트랙트는 코드가 짜인 대로 움직이기 때문에 다양한 행동을 수행할 수 있으며 누구도 변경할 수 없다.

스마트 컨트랙트가 은행의 일을 자동으로 해주기 때문에 이점을 보는 분야가 생긴다. 예금과 대출이 대표적인 분야이다. 상업은행에서 대출을 해준 돈의 대부분은 다른 사용자들의 예금된 돈에서 가져온다. 하지만 은행을 중앙에 두고 두 사용자의 상호작용이 일어나기 때문에 제약이 존재한다. 대출을 받은 사람은 대출의 양이나 걸리는 시간에 불만이 있을 수 있으며 예금을 한 사람은 이자율에 불만이 있을 수 있다. 하지만 스마트 컨트랙트를 사용하면 두 사용자가 중앙에 아무것도 끼지 않고 서로 상호작용이 일어나는 것처럼 느껴지기 때문에 대출의 양이나 걸리는 시간은 대출을 받은 사람이 결정하며 이자율도 예금을 한 사람이 결정할 수 있다. 안정성은 대출을 받은 사람의 담보된 암호화폐와 스마트 컨트랙트의 구조에 따라 뒷받침된다. 특히 암호화폐의 시장 특성상 변동성이 크기 때문에 대출의 수요는 항상 높은 편이다. 그래서 디파이를 사용하면 은행의 시중금리보다 더 높은 수준으로 이자를 벌어갈 수 있다.

암호화폐 시장에도 중앙화 금융이 존재한다. 코인을 거래할 수 있는 중앙화 거래소가 좋은 예인데 업비트나 빗썸, 바이낸스 같은 경우가 중앙화 거래소이다. 이런 중앙화 거래소들에서 사용자들의 상호작용 또한 은행과 비슷하다. 코인을 판매하고 싶은 사람과 코인을 구매하고 싶은 사람은 중앙화 거래소를 중앙에 두고 서로 거래한다. 다만 중앙화 거래소는 빠른 속도의 거래를 지원하기 때문에 두 사용자가 직접 거래하는 것처럼 느껴지지만 실질적으로는 거래소들을 거쳐서 거래되고 있다. 그렇기 때문에 중앙화 거래소가 해킹을 당하면 그 규모가 매우 크다. 또한 중앙화 거래소에서 높은 거래 수수료를 요구하는 경우 사용자는 별 다른 행동을 할 수 없다. 거래소의 특성상 유동성이 많아야 하기 때문에 코인을 판매하는 사람이 중요하지만 중앙화 거래소는 그들에게 이익을 거의 나눠주지 않으며 대부분의 수익을 가져간다. 하지만 디파이인 탈중앙화 거래소의 경우 스마트 컨트랙트를 사용해서 사용자끼리 거래하기 때문에 해킹을 당해도 그 규모가 작아 해킹의 동기가 많이 줄어들며 높은 수수료를 요구하는 경우 사용자는 따라가지 않을 권리가 있다. 거기다가 몇몇의 탈중앙화 거래소의 경우 발생하는 모든 수수료를 플랫폼이 아니라 코인을 판매하는 사람에게 나눠지기 때문에 중앙화 거래소보다 더 많은 유동성을 제공하는 경우도 많다.

디파이 앱들은 은행과는 달리 예금, 대출, 거래 같이 각각의 금융 카테고리들이 분화되어 있고 특화되어 있으며 오라클이라는 카테고리도 금융에 포함된다. 오라클은 디파이 시스템에서 데이터를 수집할 때 필요하다. 예를 들면 다음과 같다. 만약 비행기가 제시간에 뜨지 않으면 보상을 받는 보험 디파이가 있다고 가정하자. 사용자는 보험비용을 스마트 컨트랙트에 지불한다. 스마트 컨트랙트는 비행기가 제 시각에 뜨면 보험사로 돈을 전송하고 제 시각에 뜨지 않으면 사용자에게 보상금을 전송하면 된다. 여기서 스마트 컨트랙트는 비행기가 제 시각에 뜨는지 안 뜨는지의 데이터를 수집해야 한다. 비행기가 뜨고 안 뜨고는 블록체인 바깥에서 결정되는 데이터이기 때문에 이것을 블록체인 안으로 가져와야 한다. 이때 블록체인 바깥을 오프 체인이라고 하며 블록체인 안을 온 체인이라고도 칭한다. 스마트 컨트랙트들은 오프 체인 데이터를 온 체인으로 가져와야 하는 경우가 많기 때문에 오라클도 디파이 카테고리에 포함된다. 현재 블록체인에서 사용되는 대부분의 오라클은 중앙화 거래소의 가격을 온 체인으로 가져오는 것이다. 그 가격을 기준으로 수많은 대출 디파이 플랫폼들이 가져온 가격에 따라 담보대출이 청산되고 안되고를 결정한다. 만약 한 곳의 데이터만 가져온다면 그곳을 해킹해 큰 문제가 초래될 수 있음으로 어떻게 견고한 오프 체인 데이터를 온 체인으로 가져올 것인지의 노력이 계속되고 있다.

디파이는 대출, 예금, 거래, 펀딩, 보험들이 따로 존재하지만 하나의 블록체인을 사용한다면 서로 연결된 상태이다. 대출이 가능하니 레버리지 같은 다양한 거래가 가능해졌고 그다음에 예금과 이자가 생기게 되었다. 기존과는 많이 다른 형태의 금융 시스템이면서 이미 적지 않은 수요도 생겨나고 있기 때문에 최근 들어 주목받고 있는 것 같다. 물론 아직은 다양한 위험성이 존재한다. 언급했다시피 오라클이 아직은 완벽하다고 할 수도 없고 스마트 컨트랙트는 코드가 잘 못 짜였을 가능성이 존재한다. 하지만 분명히 잠재력은 있다고 생각하며 시간은 언젠가는 디파이 시장을 성숙하게 만들 것이다. 또한 스테이킹이나 플래시 론(대출과 상환을 동시에 진행해서 무위험 차익거래를 할 수 있는 기술)같이 기존 시스템이 따라 할 수 없는 금융 시스템도 만들어지고 있기 때문에 디파이의 발전이 얼마나 그리고 어떻게 이뤄질지 예상할 수 없다.

| 신뢰할 필요가 없는 스마트 컨트랙트 |

　비트코인과 플랫폼 블록체인의 가장 큰 차이는 스마트 컨트랙트 기능이 있나 없나라고 생각한다. 비트코인도 간단한 컨트랙트를 만들 수는 있지만 컨트랙트를 만드는데 매우 어렵고 다양하지 않다는 단점이 있다. 스마트 컨트랙트는 현실세계의 계약과 비슷하다. 한 가지 다른 점은 계약을 수행하는 주체가 컴퓨터라는 것이다. 스마트 컨트랙트는 코드로 이루어져 있으며 계약은 알고리즘에 의해 실행한다. 알고리즘은 정해진 절차대로 실행하는 것을 말하는데 이런 알고리즘에 의한 계약은 일상생활에서 자주 접할 수 있다. 은행 ATM에서 출금을 하게 되면 은행 ATM에는 출금하려는 금액만큼 통장잔고에 있으면 출금을 해주고 없으면 출금을 해준다는 알고리즘이 들어가 있으며 만약 1일 한도 출금을 넘기면 출금을 해주지 않는다는 알고리즘도 포함되어 있다. 음료 자판기는 ATM보다 더 심플한 알고리즘을 가지고 있다. 음료 자판기는 돈을 받으면 음료수를 건네주는 알고리즘을 가지고 있다. ATM이나 음료 자판기는 기계가 알고리즘을 실행하기 때문에 기계에 대한 신뢰가 필요하다. 만약 믿을 수 없는 은행의 ATM이라면 ATM을 사용 해 몇 억을 넘게 입금할 수 없을 것이고 만약 자판기가 음료수를 사는 자판기가 아니라 금 자판기라면 몇 천만 원을 자판기에 넣고 금을 구매할 수 없을 것이다. 기계는 거짓말을 하지 않지만 기계의 알고리즘을 기계의 주인은 바꿀 수 있기도 하고 기계 자체의 고장이 날 수 있기 때문에 잃을 수도 있는 돈의 수준이 어느 정도를 넘어가면 기계를 신뢰를 하기가 어렵다. 인형 뽑기 기계는 몇 천원으로도 사용할 수 있지만 못 뽑도록 알고리즘 되어 있는 경우가 많기 때문에 기계에 대한 신뢰도가 매우 낮다.

스마트 컨트랙트의 기술은 1997년에 개발되었으니 비트코인보다 한참 전에 나왔다. 오래된 기술이지만 스마트 컨트랙트가 제대로 사용될 수 있었던 것은 블록체인을 만나서라고 생각한다. 기계의 주인이 마음대로 바꾸고 기계가 멈출 수 있기 때문에 기계를 신뢰할 수 없던 것처럼 블록체인이 없는 스마트 컨트랙트를 신뢰하기 힘들었다. 하지만 블록체인의 장점은 스마트 컨트랙트의 단점을 잘 보완했다. 블록체인의 두 가지 특징은 한번 저장된 기록을 누구도 지울 수가 없으며 수많은 노드들이 절대 멈추지 않는 네트워크를 만든다는 점이다. 따라서 블록체인 위에 올라 간 스마트 컨트랙트는 주인을 포함해 누구도 변경을 할 수가 없고 24시간 동안 계속해서 돌아갈 수 있게 되었다. 알고리즘을 주인이 바꿀 수 없고 몇 년 동안 한 번도 꺼지지 않은 자판기가 탄생한 것과 같다. 물론 고장은 날 수 있기 때문에 스마트 컨트랙트가 100% 안전한 것은 아니다. 코드로 짜인 알고리즘에 버그가 있을 수도 있기 때문에 여전히 고장은 일어날 수 있다. 하지만 블록체인의 알고리즘은 변하지 않기 때문에 오랜 시간 동안 사용된 스마트 컨트랙트라면 버그가 없다고 판단될 수 있어 걱정 없이 사용할 수 있다.

초기의 스마트 컨트랙트로 가장 쉽게 할 수 있던 것은 ICO였다. ICO는 IPO의 용어를 빌려온 것으로 비상장 기업이 본인들의 주식을 공개 매도하는 것처럼 암호화폐 기업들이 본인들의 코인을 공개 매도하는 방법이었다. ICO의 적법성을 떠나 ICO의 스마트 컨트랙트 알고리즘을 짜는 것이 상대적으로 쉬워 초기에 가장 많이 사용될 수 있었다. ICO는 돈을 받으면 토큰을 보내주는 알고리즘을 사용했기 때문에 음료 자판기와 알고리즘이 비슷했다. ICO는 대부분 이더리움 블록체인에서 일어났고 ICO초기에는 이더리움 블록체인의 화폐인 이더로만 자금을 받았기 때문에 알고리즘을 만드는 것은 더욱 쉬웠다. 예를 들면 다음과 같다. 만약 어떤 프로젝트가 1 이더를 1000개의 A 토큰의 비율로 나눠주는 ICO를 진행했다고 가정하자. 그럼 스마트 컨트랙트는 자판기처럼 이더가 들어오면 이더를 전송한 사람에게 1 이더 = 1000 A 토큰의 비율로 나눠준다. 이 스마트 컨트랙트는 A 토큰의 물량이 0이 될 때까지 계속된다. 이 알고리즘은 블록체인의 거대한 컴퓨터에 의해 돌아가기 때문에 토큰을 구매하는 참여자들은 프로젝트가 이더를 받고 토큰을 돌려주지 않는 걱정을 할 필요가 없다. ICO를 진행하는 회사에 대한 신뢰가 필요 없다고 할 수 있으며 이미 스마트 컨트랙트는 블록체인에 올라와 있기 때문에 ICO를 진행하는 회사도 코드를 변경할 수 없으며 이 스마트 컨트랙트는 24시간 돌아간다. 이미 스마트 컨트랙트를 사용했다면 블록체인의 컴퓨터는 그대로 진행을 하기 때문에 계약서에 따른 분쟁 또한 의미가 없다. 알고리즘대로 처리하는 중간에 원한다고 멈출 수가 없기 때문에 계약 불이행이 존재하기 힘들다. 또한 디파이(탈중앙 금융)를 살펴보면 대출 같은 경우 스마트 컨트랙트로 인해 현실 세계의 수많은 서류 없이 거래 요청 한 번으로 대출이 가능하다. 신뢰하지 못하는 대상과도 계약을 할 수 있도록 만드는 스마트 컨트랙트는 ICO 이후로도 금융, 수집, 게임 등 다양한 산업들을 플랫폼 블록체인에 불러오게 해 기존에는 보지 못했던 방향으로 발전시키고 있다.

코인과 토큰 그리고 암호화폐의 차이점

블록체인 시장 또는 암호화폐 시장은 새로 나온 시장이기 때문에 용어가 정리되지 않은 경우가 많다. 특히 코인을 두고 토큰, 암호화폐, 암호자산, 가상화폐 등등 제각각으로 불리고 있다. 코인과 토큰은 구별이 가능하기 때문에 제외하고 암호화폐, 암호 자산, 가상화폐 중 이 책에서는 암호화폐로 용어를 통일하는데 그 이유는 블록체인 시장의 정보는 대부분 영어로 이루어져 있고 영어로는 이 새로운 화폐 또는 자산을 크립토커런시(Cryptocurrency)로 부르도록 용어가 정리된 편이기 때문이다. 암호화폐는 기본적으로 프로그램화되었기 때문에 만든 사람의 의도에 따라 자산이 될 수도 있고 화폐가 될 수도 있으며 그 경계를 넘나들 수도 있다. 달러나 원 또는 빌딩이나 아파트같이 화폐와 자산 전부 블록체인에서 거래가 가능하기 때문에 미래에는 용어를 나눠서 부를 수도 있겠지만 현재는 Virtual Currency나 Crypto Asset이라는 표현은 거의 하지 않기 때문에 이 책에서는 Cryptocurrency인 암호화폐로 표현했다.

현재 플랫폼 블록체인 시장에는 이미 자산과 화폐 등이 거래되고 있다. 하지만 암호화폐 시장에서는 그 경계가 애매한 경우가 많기 때문에 자산과 화폐로 종류를 나누지 않고 프로그램화된 방식에 따라 나눠지게 되었다. 프로그램화되었기 때문에 계속해서 새로운 형태가 나오겠지만 지금 가장 유명한 방식은 대체 불가능한 토큰(NFT)과 대체 가능한 토큰(FT)이다. 여기서 토큰이란 코인을 제외한 모든 암호화폐를 말하는데 코인은 플랫폼 블록체인의 기축통화를 말한다. 플랫폼 블록체인들은 하나의 기축통화를 가지고 있다. 이더리움 블록체인에서는 이더, 카르다노 블록체인에서는 에이다 등이 그들의 기축통화이다. 기축통화인 이 코인들은 플랫폼 블록체인에서 수수료로 사용된다. 이더리움 블록체인에서 대출을 받거나 거래를 진행하는 등의 행위를 할 시 이더로만 수수료를 지불할 수 있다. 이더리움 블록체인은 플랫폼 블록체인이기 때문에 앱과 함께 다양한 암호화폐들이 이더리움 블록체인 내에서 생성되고 거래되고 있다. 이렇게 플랫폼 블록체인 위에서 생성된 다양한 암호화폐들을 토큰이라고 부른다. 즉, 이더리움 블록체인에서 이더 빼고는 전부 토큰이다. 1달러의 가치를 지니는 암호화폐 또는 1원의 가치를 지니는 암호화폐가 블록체인에서 생성되면 토큰이 되고 A라는 아파트의 소유권을 가진 암호화폐가 블록체인에 생성되어도 토큰이 된다. 하지만 이들은 대체 불가능한 토큰(NFT)과 대체 가능한 토큰(FT)으로 나눠질 수 있는데 다만 대체 가능한 토큰의 경우 NFT보다 먼저 만들어진 개념이기 때문에 잘 사용하지 않는 편이며 NFT 외에는 대부분 FT라고 이해하면 된다.

| 예술가들이 블록체인으로 모이는 이유 - NFT |

　　최근 NFT라는 단어를 종종 뉴스에서 볼 수 있다. NFT의 시작은 이더리움에서 시작되었는데 NFT는 Non-Fungible Token의 약자이다. 여기서 Fungible은 대체 가능한이란 뜻이다. 하나하나가 똑같은 가치를 가져 숫자로 가치를 판단할 수 있으면 대체 가능(Fungible)하다고 할 수 있다. 돈은 대체 가능하다. 누가 들고 있더라도 만원의 가치는 변하지 않는다. 내가 가진 만원과 상점의 만원은 대체 가능하니 서로 교환한다 해도 손해 보는 사람이 없다. 이더나 비트 같은 코인도 대체 가능하다고 할 수 있으며 주식도 대체 가능하다. 대체 불가능(Non-Fungible)은 그의 반대로 이해하면 된다. 하나하나가 다른 가치를 가진다면 대체 불가능이다. 따라서 대체 가능한 자산은 개수로 가치를 판단할 수 있지만 대체 불가능한 자산은 개수로 가치를 표현하기 힘들다. 만 원짜리 지폐가 두 장 있으면 2만 원의 가치를 가질 수 있다고 말할 수 있지만 모나리자 그림을 두 장 가지고 있다고 모나리자 한 장의 두배 가치를 가질 수 있다고 할 수는 없다. 수많은 모나리자 그림이 존재하지만 루브르 박물관에 있는 모나리자 그림이 어떠한 모나리자 그림보다 더 많은 가치를 가지고 있다. 따라서 대체 불가능한 자산은 여러 가지 요인에 의해 가치가 형성된다. 원본인지, 사인이 들어가 있는지, 얼마나 잘 보관되어 있는지 등 여러 가지 가치 판단을 할 요인이 들어가 있기 때문에 개수로 가치를 판단할 수 없다. 이 대체 불가능한 자산을 블록체인에서 사용하기 위해 토큰화 되었고 이를 명칭 하는 것이 NFT이다.

우리가 일상생활에서 사용하는 대부분의 것들은 대체 불가능하다. 컴퓨터나 핸드폰도 같은 모델이다 할지라도 외관이나 내구의 상태로 인해 가치가 전부 다를 테고 콘서트 티켓 또한 앉을 수 있는 좌석번호가 티켓마다 전부 다를 테니 대체 불가능하다고 할 수 있다. 따라서 일생생활에서 블록체인을 사용하게 된다면 대체 가능한 자산보다는 대체 불가능한 자산에서 사용되는 것이 일상생활에 더 큰 영향을 끼칠 수 있기 때문에 NFT에 대한 관심이 생겨나고 있는 것 같다. 2021년 상반기에는 구글 트렌드 기준 이더리움을 검색 한 양보다 NFT를 더 많이 검색하는 날들도 생겨나고 있으며 유튜브나 클럽하우스 같은 곳에서도 자주 등장하는 주제이기도 하다. 블록체인 시장은 자산에 거품이 끼는 경우가 많기 때문에 돈이 된다고 생각하는 것은 크게 올라가는 영향이 있다. 2021년에는 비플이라는 디자이너의 그림이 NFT형태로 만들어져 710억 원으로 판매되기도 하고 NBA 카드도 NFT형태로 만들어져 팔렸는데 한동안은 너무나 많은 사람들이 몰려 새로 생겨나는 카드를 구매할 수가 없을 정도였다. 그로 인해 블록체인의 NFT시장은 최근 많은 디자이너들을 블록체인 생태계에 관심을 갖도록 만들고 있다. 블록체인 앱을 만들면 많은 돈을 쉽게 벌 수 있었기 때문에 많은 개발자들이 블록체인 시장에 모여진 것처럼 예술가들의 작품들이 NFT형태로 만들어지면 쉽게 돈을 벌 수 있는 탓에 많은 예술가들도 블록체인 시장에 모이고 있다.

하지만 단순 수집의 NFT는 1세대라고 생각한다. 현재는 단순하게 구매하고 보관하는데 의미가 있는 토큰이지만 앞으로 NFT는 지금보다 발전할 수 있는 부분이 너무나 많기 때문에 계속해서 발전한다면 대중들도 흔히 들을 수 있는 용어가 되지 않을까 생각한다(최근에는 꽤 자주 들을 수 있는 용어로 발전하긴 했다). NFT의 시작은 2017년도에 출시한 크립토 키티라는 앱이었다. 크립토 키티는 한마디로 이더리움에서 키우는 다마고치 같은 개념이었으며 고양이 종류나 생김새들이 다른 고양이들을 교배해 희귀한 고양이를 만들어내는 어떻게 보면 다마고치보다 더 재미없는 게임이었다. 이 게임에서 모든 고양이들은 각각의 특성을 지니고 있었기 때문에 NFT형식으로 만들어졌으며 거품으로 인해 고양이들의 가격 상승이 크게 이뤄지면서 화제가 되었다. 거품은 몇 달도 지나지 않아 금방 꺼지게 되었지만 그 거품 안에는 NFT의 가능성이 들어있었다고 생각한다. NFT의 가능성을 예를 들면 현재의 게임 아이템 시장을 들 수 있는데 하나는 아이템의 교환과 또 다른 하나는 아이템의 지속성이다. 게임상에서는 서로가 익명이기 때문에 아이템을 교환하는 것이 쉽지 않다. 같은 게임 내의 아이템 교환은 게임 안에서 제공하는 경우도 있지만 게임 바깥의 실제 돈이나 다른 게임의 아이템으로 교환하기 위해서는 직접 만나야 한다. 시간이 지나 지금은 아이템베이 같은 플랫폼을 사용해서 나름 안전하게 거래하지만 플랫폼이 가져가는 수수료가 만만치 않으며 제공해야 하는 신상정보도 적지 않다.

하지만 크립토 키티는 익명의 사용자와 1:1로 교환이 가능했고 이 둘 사이에 플랫폼이나 앱의 사용 없이 오직 스마트 컨트랙트로 인해 교환이 가능했기 때문에 다음 세대의 게임 아이템들은 토큰화 되지 않을까라는 가능성도 보여주었다. 만약 게임 아이템이 NFT화 된다면 이더리움 블록체인에 존재하는 어떤 토큰과도 1:1로 거래가 가능하기 때문에 게임 바깥의 돈이나 다른 게임의 아이템들로 교환할 수 있다. 이렇게 되면 게임 아이템들도 제대로 된 가치를 가질 수 있는 시대가 올 수도 있지 않나 생각한다. 현재는 게임 아이템들이 지속적으로 가치를 가지기에는 무리가 있다. 게임은 시간이 지나면 시들해지기 마련이고 사용자의 숫자도 줄어든다. 게임을 운영하는데 수익보다 서버를 운영하는 비용이 더 많이 들어가게 되면 게임은 망하게 되고 게임 안에 존재하는 게임 아이템은 더 이상 사용될 수 없다. 하지만 블록체인상에서 만들어지는 게임 아이템은 블록체인이 없어지기 전에는 계속해서 존재한다. 또한 게임 아이템은 해당 게임 서버에 존재하는 것이 아니라 내 지갑과 블록체인에 존재하기 때문에 블록체인이 멈추진 않는 한 해당 게임이 망하더라도 없어지지는 않는다. 만약 하나의 자산을 여러 개의 게임들이 지원한다면 하나의 게임이 망한다 하더라도 내 자산은 그대로 가치를 지니게 된다. 그렇게 되면 블록체인에서 만들어진 하나의 아이템으로 여러 가지 게임을 즐길 수 있고 그 아이템은 블록체인과 함께 계속해서 존재하기 때문에 이전과는 다르게 가치가 매겨질 수 있다.

이러한 1세대의 NFT형태도 계속해서 생기고 있으며 활용법도 다양해지고 있다. NFT들의 교환을 제공하는 서비스들 중에는 NFT를 담보로 잡고 대출을 해주는 디파이와 NFT가 융합된 서비스를 준비 중이기도 하다. 하지만 개인적으로 더 기대가 되는 것은 NFT의 다음 세대들이다. 상상력의 한계로 다음 세대의 NFT가 어떻게 활용될지 예측하기는 힘들지만 몇 가지의 예를 들어서 어떤 식으로 발전될 수 있을지 예측은 가능할 것 같다.

첫 번째로 NFT가 가져올 수 있는 미래는 희소성의 경제이다. 인터넷 공간은 무엇이든지 복사가 가능하기 때문에 대체 가능한 자산을 소유하는 것이 어려웠다. 2000년대 초반만 하더라도 불법 MP3 다운로드 문제가 심각했으며 MP3 파일은 너무나 쉽게 복사가 되고 원본과 복사본의 차이가 없기 때문에 복사되어 퍼지는 것을 막을 수 있는 방법이 없어 많은 문제가 됐었다. 지금은 스트리밍으로 음악시장이 흘러가면서 가수보다는 음악을 유통하는 시장에 더 많은 돈이 몰리기도 한다. 따라서 팬으로서 직접적으로 가수를 응원하는 방법 중에는 CD 앨범을 구매하는 방법이 있다. 요즘 CD는 거의 사용되지 않지만 한정판이라는 메리트와 CD 앨범을 사면 가질 수 있는 사진과 굿즈들로 팬들의 마음을 충족시킨다. 만약 앨범이 NFT형태로 만들어진다면 굳이 CD를 사용하지 않더라도 팬의 수요를 충족시킬 수 있다. 앨범 NFT를 가지고 있어야 볼 수 있는 사진과 동영상이 있고 그 앨범 NFT를 가지면 앨범 전곡을 인터넷에서 들을 수 있다면 NFT로도 충분히 현실 세계의 앨범 기능을 구현할 수 있다. 메타버스 같은 새로운 SNS가 생기게 된다면 앨범을 본인의 공간에 진열할 수도 있고 앨범을 제작하는 비용을 아낄 수 있는 것에서 앨범 NFT가 현실 세계의 앨범보다 더 나아 보이기도 한다. 이 앨범 NFT는 블록체인이 없어지지 않는 한 계속해서 가지고 있을 수 있고 해킹에도 안전하기 때문에 분실의 우려가 존재하지 않으며 온라인에 기반을 두는 것이기 때문에 공간의 제약을 받지도 않는다. NFT이기 때문에 앨범을 언제든지 익명의 사람에게 판매할 수 있으며 다른 앨범과도 교환이 가능하다. 볼 수 있는 사진과 동영상이 전부 다르다면 같은 앨범 NFT끼리의 교환도 충분히 가능하다. 거기다가 NFT는 프로그램화된 자산이기 때문에 토큰에 기능을 넣을 수도 있다. 만약 앨범의 NFT가 판매될 때마다 판매 가격의 1%의 수수료를 가수에게 지급하는 기능을 넣는다면 지금보다는 저작권자들에게 수익이 더 돌아가는 구조를 만들 수 있다. 만약 구매한 앨범 NFT는 1년간 누구에게도 팔거나 선물할 수 없도록 하는 기능을 넣는다면 희소성의 가치도 더 높아질 것이다.

    NFT의 또 다른 활용은 열쇠다. 콘서트 티켓이나 스포츠 티켓을 구매하면 바코드와 좌석 등이 적혀있다. 티켓을 들고 콘서트장이나 경기장을 가게 되면 입구에서 이 티켓이 진짜인지 가짜인지 확인하는 절차를 거친다. 보통 티켓에서 바코드를 찍으면 서버에 연결되어 이 티켓이 진짜인지 가짜인지 알려주는 절차를 거치는데 만약 티켓이 NFT로 만들어진다면 이러한 서버 비용을 아낄 수가 있다. 티켓 NFT는 복사가 불가능하기 때문에 입장하는 사람이 티켓 NFT를 가지고 있으면 들여보내면 되고 없으면 안들여보내면 된다. 블록체인은 24시간 돌아가며 해킹당하거나 변조할 수 없기 때문에 티켓으로 활용이 가능하다. 티켓을 이렇게 NFT형식으로 사용하게 된다면 굳이 서버 비용을 들여가며 확인할 필요가 없고 일일이 바코드를 찍으려는 인원들을 사용하지 않아도 되니 훨씬 경제적이기도 하다. 티켓 NFT 또한 프로그램화된 자산으로 여러 가지 기능을 넣어줄 수도 있다. 티켓은 보통 암표로 몸살을 앓는 경우가 많다. 누구나 보고 싶어 하는 경기나 콘서트일 경우 보지 않을 사람들도 티켓 구매에 참여해 몇 배가 넘는 가격에 팔려고 하기 때문인데 해당 NFT에 전송이 불가능한 기능을 넣고 티켓 NFT에 신원확인까지 진행한다면 효과적으로 암표를 막을 수도 있다.

    NFT도 암호화폐이기 때문에 소수점의 경제가 가능하다. 예를 들면 미술품을 한 명이 소유하는 것이 아니라 여러 사람이 공동 소유가 가능하며 미술품을 소수점으로 소유할 수 있다는 뜻이다. 예를 들면 다음과 같다. 스마트 컨트랙트를 사용해서 100억 원의 모나리자 NFT를 담보로 잡고 모나리자 1 ~ 10까지의 NFT를 생성시킨다고 가정하자. 모나리자 1 ~ 10 NFT를 스마트 컨트랙트에 다시 넣으면 100억 원의 모나리자 NFT를 얻을 수 있기 때문에 모나리자 1~10 NFT는 약 10억 원의 가치들을 가지게 된다고 할 수 있다. 그럼 이제 한 명이 소유한 100억 원의 그림은 10억 원만 가지고 있어도 부분 소유할 수 있기 때문에 더 많은 사람들이 소유할 수 있다. 만약 10개의 NFT를 생성시키는 것이 아니라 1000개 10000개의 NFT를 생성하게 되면 천만 원이나 백만 원만 있어도 모나리자 NFT를 '부분' 소유할 수 있는 방법이 생기게 된다. 그렇게 되면 미술품은 더 이상 부자들만 투자하는 것이 아니라 일반 사람들도 충분히 투자할 수 있는 대상이 될 수 있으며 미술에 대한 이해가 더 대중화될 수 있다. 만약 NFT가 판매될 때마다 판매 수익률이 화가에게 돌아간다는 기능이 들어가 있다면 창작자들은 더 많은 돈을 벌 수도 있다. 미술품뿐만 아니라 빌딩 등 어떠한 자산도 NFT로 부분 소유할 수 있기 때문에 분야에 대한 제약이 없다.

2021년 들어 NFT의 주제가 핫해짐에 따라 NFT에 대한 투자를 문의하는 사람들이 많아지고 있다. 하지만 NFT를 직접 투자하는 것보단 NFT의 다양한 가능성을 고민하고 기존의 문제를 NFT 기술로 어떻게 해결할 수 있는지 생각해보는 것이 더 중요하지 않은가 생각한다. 온라인에서 디자이너들이 NFT에 대한 대화를 나누는 것을 종종 보곤 하는데 현재 NFT 기술이 젊은 예술가들을 블록체인 도시로 이주하게 만드는 것은 아닌가 생각이 들기도 한다.

| 메타버스와 블록체인 |

　최근 VR기기가 사용할 만한 수준으로 넘어감으로써 메타버스라는 단어를 종종 들어볼 수 있다. VR을 통해 볼 수 있는 가상현실세계를 메타버스로 부르기도 하지만 개인적으로는 메타버스의 의미는 좀 더 크다고 생각한다. 미래에는 현실세계를 그대로 가상현실세계로 가져올 텐데 지금의 기술로는 현실세계를 그대로 가져오기가 쉽지 않다. 인터넷은 서로 연결되어 있는 것처럼 보이지만 사실은 서로 연결되지 않았기 때문이다. 수많은 앱들은 같은 인터넷 프로토콜을 사용하지만 독자적인 서버를 가지고 있기 때문에 하나의 앱에서 사용하는 자산을 또 다른 앱에서 사용할 수 없다. 카톡에서 구매 한 이모티콘은 라인에서 사용할 수 없으며 리니지에서 사용 한 게임 아이템은 디아블로에서 사용할 수 없다. 이 세계를 현실세계로 가져오기에는 괴리감이 있기 때문에 우리는 카톡이나 리니지를 메타버스라고 부르지 않는다. 이것을 현실세계로 비유하자면 집, 상점, 레스토랑, 공원 같은 공간에서 서로 다른 옷과 신발이 필요한 공간과도 같다. 하나의 옷과 신발로 모든 곳을 다닐 수 있어야 하며 그러기 위해서는 모든 공간은 연결되어야 한다. 그런 의미에서 제페토나 로블록스 같은 게임 등도 메타버스로 불리지만 지금처럼 다른 게임들과 자산을 공유하지 않는다면 VR, AR를 구현한 온라인 게임과 다를 바가 없다.

　거의 모든 인터넷 앱들은 각자의 데이터베이스를 사용한다. 만약 카카오톡에서 이모티콘을 구매한다면 카카오톡 서버에는 구매한 아이디와 이모티콘의 데이터들이 저장되어 사용할 수 있도록 한다. 그래서 대부분의 데이터는 사적 소유이기 때문에 다른 앱들과 공유한다는 것은 불가능하다. 또한 공유한다 하더라도 저장된 방식이 전부 다르고 본인을 검증하는 것도 불가능하다. 다음과 네이버에서 같은 '코인트레이너' 아이디를 사용한다고 해서 같은 사람이다고 할 수 없는 것과 같다. 거기다가 라인에서 구매 한 이모티콘을 카카오톡에서 사용하게 해 준다면 카카오톡 측에는 이득은 없지만 저장해야 하는 데이터는 늘어나게 되니 할 이유가 전혀 없다. 즉, 현재의 인터넷의 구조로는 현실세계를 구현할 수 있는 메타버스를 만들기가 쉽지 않다. 하나의 옷과 신발 그리고 돈을 가지고 여러 공간 또는 앱에서 사용할 수 있기 위해서는 최소한으로 자산의 데이터가 공유되어야 하며 공유되는 데이터는 공공의 성격을 지닌 서버에 저장되어야 한다. 그리고 누구든지 그 데이터에 접근 가능해야 한다. 그런 의미에서 블록체인은 인터넷에 메타버스를 구축하기 위해 꼭 필요한 존재이다.

블록체인을 또 다른 의미로 정의하자면 하나의 큰 데이터베이스로 할 수 있다. 누구든지 자산이나 화폐를 블록체인에 만들어 저장할 수 있고 저장된 이상 조작할 수 없다. 저장한 당사자도 변경할 수 없기 때문에 데이터를 저장한 이상 공공의 성격을 지니게 되며 보유한 자산은 오롯이 본인만이 통제할 수 있다. 기업의 입장에서도 데이터를 직접 저장하지 않고 블록체인 데이터를 사용할 수 있다. 물론 더 이상 데이터를 사적 소유하는 것이 아니기 때문에 기업들은 새로운 시스템을 적응하는데 시간이 걸리겠지만 사용자는 이제 인터넷의 자산들을 진짜 소유할 수 있게 된다. 현재의 인터넷 앱들에서 자산은 소유하는 것이 아니라 권한을 주는 것에 불과하기 때문에 하나의 기업이 망하게 된다면 더 이상 소유할 수 없다. 구찌가 망하게 되면 구찌에서 구매한 것들은 더 이상 사용할 수 없는 세계관이기 때문에 메타버스를 현실세계처럼 구현하기 위해서는 권한이 아니라 자산을 실제로 소유할 수 있어야 한다. 구찌에서 옷을 구매한 이상 본인 소유이기 때문에 선물을 주거나, 더 비싼 비용으로 팔거나, 버리거나하는 행동은 본인이 결정한다. 이와 같이 블록체인에서 구매한 이모티콘이나 아바타의 옷들은 본인의 소유이기 때문에 선물로 주거나, 비싼 비용으로 팔거나, 버리는 행동은 기업이 결정할 수 있는 것이 아니라 내가 결정할 수 있다. 따라서 메타버스 세계와 현실세계의 괴리감을 줄이기 위해서는 자산의 소유권이 중요하다.

NFT가 메타버스에서 중요한 역할을 할 수 있는 이유는 NFT를 보유하는 의미가 소유권을 가지는 개념이기 때문이다. 여기서 소유권은 현실 세계의 자산이 아니라 인터넷 세상의 자산을 이야기한다. 리니지에서 사용하는 '집행검'을 새로 나온 게임이 차용하게 된다면 사용자는 이제 '집행검'을 리니지에서 사용할 수도 있고 새로 나온 게임에서도 사용할 수 있다. 만약 제페토와 로블록스의 아이템이 NFT로 만들어지게 되고 둘 다 해당 NFT를 지원한다면 제페토 안에서 아바타가 입고 있는 옷은 로블록스에서도 입을 수 있다. NFT를 소유하는 암호화폐 지갑으로 두 개의 게임을 접속하기 때문에 게임이 다르더라도 본인을 인증할 수 있으며 사용자는 해당 NFT옷을 사용자가 원할 때 팔거나 버릴 수 있다. 블록체인이 멈추지 않는 한 해당 NFT옷은 존재한다. 이렇게 NFT는 사용자에게 소유권을 가져다 주지만 NFT가 저장되고 있는 데이터는 공공의 서버에 존재하고 있어야 하기 때문에 블록체인이 필수적이다. 거기다가 대체 불가능(NFT)한 자산뿐만 아니라 게임 상의 돈처럼 대체 가능한 자산들도 메타버스에 들어올 것이며 NFT나 게임 외의 산업들도 메타버스에 들어올 테니 결국에는 메타버스 세계는 플랫폼 블록체인위에서 돌아갈 것이라고 생각한다.

| 대기업이 블록체인에 뛰어들기 쉽지 않은 이유 |

블록체인도 어차피 구글이 만들면 전부 대체되는 것이 아니냐는 이야기도 많다. 하지만 블록체인의 특성상 쉽지 않다. 시장에서 접할 수 있는 대부분의 블록체인은 퍼블릭 블록체인이다. 퍼블릭 블록체인에서 노드는 블록체인을 운영하는데 도움을 주며 노드는 누구나 될 수 있어야 한다. 만약 노드를 제한하게 되면 블록체인은 중앙화 되기 때문에 제대로 된 기능을 하지 못하며 그런 이유로 상위권의 플랫폼 블록체인들은 전부 노드를 제한하지 않고 있다. 하지만 노드를 제한하지 않기 때문에 노드가 늘어나면 늘어날수록 점점 탈중앙화 된다는 특성을 가지게 되며 블록체인을 만든 주체는 점점 권한을 잃게 된다. 실질적인 이득이 거의 없기 때문에 한국의 대기업도 블록체인을 내놓았지만 노드가 되는 것에 제한이 있는 퍼블릭 블록체인을 내놓았다. 만약 구글 같은 대기업이 노드를 제한하지 않는 퍼블릭 블록체인을 만든다 하더라도 다른 대기업들이 해당 블록체인을 사용할지, 얼마나 많은 사람들이 사용할 지의 의문이 남아있다. 대기업들이 서로 다른 블록체인을 사용한다면 서로 소통하지 않는 사물인터넷들과 다를 바가 없다. 블록체인들을 서로 잇는 브릿지 시스템이 나올 수도 있겠지만 하나의 같은 블록체인을 사용하는 것에 비교하면 매우 비효율적이다. 몇 년 전만 하더라도 많은 기업들이 노드를 직접 컨트롤하는 프라이빗 체인을 사용하려고 노력했지만 개발에 많은 진전이 없었던 탓인지 최근에는 거의 듣지 못하고 있다. 기업도 결국에는 블록체인을 사용하기 위해선 퍼블릭 블록체인을 사용해야 한다는 것을 깨달은 것 같다.

기업이 블록체인 프로토콜 자체를 만들 수 없다면 그들이 할 수 있는 것은 대중적으로 사용되는 플랫폼 블록체인에 앱을 내놓는 것이다. 블록체인 앱은 디앱 또는 댑(DAPP, Decentralized Application)이라고 부르기도 한다. 블록체인의 앱은 전통적인 앱과는 다른 특성을 가지고 있다. 바로 탈중앙화 된 앱이라는 것이며 앱을 만든 주체는 대부분의 권한을 내려놓아야 한다. 쉽게 비교하자면 다음과 같다. 앱스토어 같은 현재의 앱 시장에 앱을 내놓는 것은 상업시설을 짓는 것과 같다. 내 가게(앱)를 만들고 비즈니스를 통해 수익을 얻어간다. 하지만 블록체인의 탈중앙화 된 앱은 대가 없이 공공시설을 짓는 것과 같다. 내 자본과 시간을 들여 공원을 만들고 사회에 환원하는 것과 같은 일이기 때문에 이윤을 추구해야 하는 기업의 입장에서 뛰어들기가 쉽지 않다. 이더리움 블록체인의 대표적인 앱인 유니스왑은 토큰을 거래할 수 있는 앱이다. 토큰을 거래하고 유동성을 제공하는 것은 전부 사용자들에 의해 돌아가며 유니스왑을 만든 기업조차도 사용자처럼 행동해야 한다. 그들은 이 앱과 앱에서 사용되는 스마트 컨트랙트를 변경할 수 없고 앱을 멈출 수도 없다. 기존의 앱은 변경할 수 없기 때문에 앱을 업데이트하고 싶다면 새로운 앱을 출시해야 한다. 따라서 블록체인 앱에서 사용자는 더 많은 권한을 가지게 된다. 사용자는 기존의 앱을 그대로 사용하거나 업데이트된 앱을 사용하는 두 가지의 옵션 중 하나를 선택할 수 있다. 전통적인 앱 시장에선 기업의 결정대로 업데이트할 수 있었지만 블록체인에선 기업과 사용자가 결정해야 업데이트할 수 있다.

그럼에도 블록체인 시장에 수많은 앱들이 생긴 이유는 토큰이다. 앱 자체로 수익을 벌어갈 수 없기 때문에 토큰 이코노미를 구축해 수익을 얻어간다. 물론 지금까지의 시장을 평가하자면 대부분은 토큰 이코노미를 잘 구축한다기 보단 마케팅으로 토큰을 팔아먹은 경우라고 할 수 있다. 하지만 토큰은 앱에 필요한 경우가 많아 앱에서 완전하게 토큰을 배제할 수 없는 경우가 많으며 잘 짜인 토큰 이코노미는 계속해서 나올 것이라고 생각한다. 블록체인 앱이 사회에 환원된 공원이라 비유하면 이 공원은 누구나 사용할 수 있지만 누군가는 관리를 해야 한다. 이러한 관리를 토큰에 부여하는 경우가 많다. 공원의 배치나 시설의 업그레이드는 토큰을 보유한 사람들의 투표로 이뤄진다. 이런 거버넌스 기능을 가지고 있는 토큰이 현재 블록체인 시장에 많지만 거버넌스 기능만 가지고 있다면 토큰 이코노미가 잘 짜여 있다고 할 수 없다. 앱의 사용성이 있어 사용자가 들어오고 사용자는 앱을 사용하면 토큰을 얻을 수 있고 토큰은 사용자에게 가치를 주는 선순환 관계가 잘 만들어져야 하며 이러한 토큰 이코노미가 블록체인 시장에 들어오려는 기업에게는 가장 중요한 키라고 생각한다.

| CBDC는 비트코인을 대체할까? |

최근 많은 국가에서 CBDC를 논의하고 개발하고 있다. CBDC는 중앙은행의 디지털 화폐를 말하는데 많은 사람들이 CBDC가 나오게 된다면 비트코인을 대체할 수 있다고 이야기한다. 아직 어떤 형태로 CBDC가 나오게 될지 몰라 예측하기가 쉽지 않지만 개인적으로는 CBDC가 블록체인 기술을 사용한다 하더라도 비트코인과 근본적으로 다르다고 생각한다. 일단 비트코인이 최근 1년간 각광받는 이유는 엄청난 양적완화 때문이다. 코로나로 인해 실물경기가 무너져 돈을 많이 찍어내야 했기 때문에 돈을 찍어낼 수 없는 비트코인으로 자본이 쏠린 결과이다. 만약 화폐가 디지털 화폐가 된다 하더라도 중앙은행은 위기가 오면 돈을 계속해서 찍어낼 것이다. 즉 원화가 CBDC로 발행되더라도 발행되는 원화의 개수는 계속해서 늘어날 것이기 때문에 지금과 양적으로 다르지 않다. 발행된 디지털 화폐의 개수를 고정하는 것은 불가능하기 때문에 CBDC로 만들어진 원화가 비트코인을 대체할 수는 없다.

거기다가 몇 가지 이유에서 CBDC가 나오기가 쉽지 않다. 일단 정부가 디지털 화폐를 발행하게 된다면 은행들이 설 자리가 많이 없어지게 된다. 현재 금융 시스템에서는 상업은행들이 중앙은행과 사용자의 중간에 위치해 여러 가지 금융서비스를 제공하지만 중앙은행의 디지털 화폐가 있다면 중앙은행과 사용자의 직접적인 연결이 가능하다. 물론 강제적으로 상업은행을 중간에 넣을 수는 있겠지만 CBDC의 가장 큰 장점은 국경에 상관없이 온라인에서 사용하도록 만드는 것이다. 만약 해외에서 디지털 화폐를 사용하는데 상업은행이 필요하게 된다면 디지털 화폐의 장점을 퇴색시킬 수 있다. 또한 현재 비트코인이 사용하고 있는 블록체인은 익명이 바탕이지만 모든 거래가 공개되어 있다. 그래서 불법적인 일을 행하고 비트코인을 받아도 결국에는 돈의 출처를 찾아낼 수 있다. 하지만 공개되어 있는 거래는 불편함을 야기한다. 상점에서 비트코인으로 지불하는 일이 생기면 상점은 공개된 거래를 통해 나의 지갑 정보를 볼 수 있다. 누구든지 볼 수 있는 거래지만 익명이기 때문에 거래의 대상을 특정할 수 없지만 상점은 거래된 시간과 지불한 비트코인의 양으로 거래의 대상을 알 수 있고 나의 지갑 정보로 지금까지 어떤 거래를 해왔는지 지갑에 얼마나 있는지를 알 수 있다. 그렇기 때문에 암호화폐를 실생활에서 지불의 수단으로 사용하는 데에는 무리가 있다. 아는 사람에게 전송 또는 지불한다면 내가 얼마나 많은 암호화폐를 보유하고 있는지 알 수 있기 때문이며 그렇기 때문에 암호화폐는 익명의 사람과 거래를 하는 데 사용되고 있고 특화될 것이다. CBDC의 경우 실생활에서 사용되어야 하는 화폐이기 때문에 기존의 블록체인 특성을 그대로 가지고 가기에는 쉽지 않다.

쉽지 않은 길인데도 각 국 정부들이 디지털 화폐를 발행하려고 하는 이유는 국경 없는 거래가 가능하기 때문이다. 2010년부터 달러 대비 환율을 방어하지 못하고 있는 나라가 늘어나고 있다. 특히 코로나를 겪으면서 이런 나라들의 인플레이션은 더 심해졌으며 더 이상 그들의 노동소득은 인플레이션을 따라갈 수가 없다. 돈을 벌면 벌수록 돈을 모으면 모을수록 살 수 있는 물건은 적어지니 자국의 화폐 가치를 잃어가는 것을 방어해야 한다. 그렇기 때문에 이런 국가들에 거주하는 많은 사람들은 달러를 가지고 화폐가치를 방어하고 있으며 시장에서는 자국의 화폐만큼이나 달러를 사용한다. 양적완화로 인해 돈을 더 많이 찍어내면 찍어낼수록 찍어낸 돈의 무게를 버티지 못하는 나라가 늘어날 테니 달러 대비 인플레이션을 겪는 국가들은 늘어만 갈 것이다. 그럼 점점 더 달러의 수요나 기축통화의 수요가 늘어날 텐데 지금의 시스템으로는 다른 국가에서 사용되는 달러의 유통을 파악하기도 힘들뿐더러 그들이 달러를 쉽게 사고팔지 못하고 있다. 그러던 중 페이스북(현재 메타)이 블록체인 기술을 들고 디지털 화폐 시장에 뛰어들려 했다. 많은 수의 기업들과 협력해 블록체인 시스템을 함께 운영하고 암호화폐를 만들어 협력한 기업들의 플랫폼에서 암호화폐를 사용하려고 계획했었다. 꽤 굵직한 기업들이 모였었기 때문에 인플레이션을 겪는 나라들에게는 그들의 암호화폐가 인플레이션을 방어할 수 있는 수단으로 사용될 가능성이 있었으며 블록체인 기술을 사용하기 때문에 다른 암호화폐처럼 코인을 전송하거나 수많은 거래소에서 사고팔 수 있어 접근성도 매우 좋았다. 하지만 기업들이 이러한 힘을 가지는 것은 위험하다고 판단되어 페이스북의 프로젝트는 계속 작아지고 있고 2021년이 다 지나가는 현재도 나오지 못하고 있다. 하지만 미국 정부에게는 CBDC를 본격적으로 들여다보도록 하는 계기가 되었다.

CBDC는 활발히 연구되고 있지만 그중 하나의 방안으로 플랫폼 블록체인의 스테이블 코인들을 사용하는 것도 고려되고 있다. 스테이블 코인이란 1개의 코인당 1달러의 가치를 가져 1:1로 달러와 교환할 수 있는 코인을 말한다. 2021년 1월에는 미국 통화감독청인 OCC에서 상업은행들이 퍼블릭 블록체인의 노드와 스테이블 코인을 사용할 수 있다는 해석안을 내놓았다. 특히 해석안에는 블록체인 기술들의 성장 속도로 보아 상업은행들이 블록체인과 스테이블 코인을 사용하는 것이 적절한지는 평가

해보아야 한다고 명시되어있다. 이더리움 블록체인에서 발행되는 USDC 같은 경우 미국 기업인 Circle에서 금융 기관의 규제를 받아 USDC를 발행하고 있으며 1달러와 1 USDC를 교환해 주기 때문에 USDC는 항상 1달러의 가치를 가진다. 가격이 변동하는 새로운 화폐를 만들려던 페이스북과는 달리 USDC는 그대로 달러의 영향을 받게 된다. 이와 같이 CBDC의 효과를 민간기업을 통해서도 볼 수 있기 때문에 미국 정부는 CBDC의 대안으로 스테이블 코인을 사용하는 것도 고려하는 것으로 보인다. 만약 중앙은행에서 디지털 화폐가 필요하다는 결론을 내린다는 가정하에 정부에서 해결하려면 CBDC를 사용할 것이고 시장에서 해결하기 위해서는 스테이블 코인으로 해결하지 않을까 생각한다. CBDC가 발행된다면 블록체인의 스테이블 코인을 대체해 스테이블 코인의 사용성이 많이 줄어들겠지만 비트코인이나 이더리움같은 암호화폐에는 많은 영향을 미친다고 생각하지 않는다. CBDC와 비트코인은 서로 너무나 다른 사용성을 가지고 있고 온라인과 오프라인같이 서로 다른 공간에서 사용될 것이기 때문에 CBDC는 비트코인을 대체하지 못하며 비트코인도 CBDC를 대체하지 못한다.

| 코리아 프리미엄은 독 |

국경이 존재하지 않은 암호화폐와는 달리 원이나 달러 같은 법정화폐는 국경이 존재한다. 같은 상품이라 하더라도 나라마다 가격이 다른 경우가 있다. 이 차이를 통해 차익거래를 할 수 있지만 상품을 운송하는데 시간과 비용이 많이 소요되기 때문에 어느 정도의 프리미엄은 시장에서 존재한다. 이와 다르게 암호화폐는 여러 국가에서 거래되지만 암호화폐를 전송하는데 시간과 비용이 거의 들지 않는다. 이것을 이용해 누구나 차익거래가 가능하지만 가끔씩은 믿을 수 없을 만큼의 프리미엄이 암호화폐에 존재한다. 암호화폐의 차익거래를 위한 법정화폐의 교환이 쉽지 않기 때문에 프리미엄이 존재하는 것이다.

한국 암호화폐 시장에서 발생하는 프리미엄은 코리아 프리미엄 또는 김치 프리미엄으로 불리곤 하는데 비단 우리나라에서만 발생하는 것은 아니다. 다른 나라에 비교해서 암호화폐의 수요가 급격하게 높아지는 나라에는 프리미엄이 만들어지며 프리미엄의 정도가 한국보다 높은 나라들도 종종 있다. 하지만 프리미엄이 만들어지는 대부분의 국가들은 자국의 화폐가 제 기능을 하지 못하는 경우가 많기 때문에 지속적으로 발생하는 코리아 프리미엄은 선진국중에서는 예외적이긴 하다. 여러 변수가 있겠지만 상승장 시 암호화폐를 구매하는 속도가 다른 나라보다 더 빠른 탓이라고 생각한다. 코리아 프리미엄은 보통 암호화폐의 등락에 따라 생기고 없어지는 경우가 많은데 암호화폐의 급격한 가격 상승은 수요를 불러일으키기 때문에 프리미엄이 급격하고 올라가고 암호화폐가 하락하면 프리미엄은 줄어든다. 암호화폐가 급격하게 상승했던 2013, 2017, 2020

년에 프리미엄이 상승하는 경향을 보였고 프리미엄이 최대로 많이 만들어졌을 땐 50%가 넘었다.

암호화폐끼리의 차익거래는 가능하기 때문에 서로 다른 암호화폐일지라도 그들의 프리미엄의 퍼센트는 비슷비슷하다. 따라서 암호화폐 시장에 프리미엄이 존재하면 투자자는 어떠한 암호화폐이더라도 웃돈을 주고 구매해야 한다는 뜻이다. 만약 프리미엄이 만들어지게 되면 초기 투자자는 상승한 퍼센트에 더해서 프리미엄까지 이익을 볼 수 있다. 하지만 나중에 참여하는 투자자들은 프리미엄까지 손해를 볼 수 있다는 것이 문제다. 암호화폐 시장은 등락폭이 매우 크고 대부분의 사람들이 암호화폐 시장에 진입하는 할 때는 이미 과열된 상태이기 때문에 프리미엄이 존재하는 경우가 많다. 이때 암호화폐가 하락할 시 암호화폐의 하락에 프리미엄까지 떨어져 손해를 더욱 크게 보게 된다. 암호화폐가 하락하는 시간에는 시가총액이 가장 높은 비트코인도 70%가 넘게 하락하곤 했기 때문에 투자자들은 70%에 하락에 코리아 프리미엄인 30%까지 하락을 경험했다.

암호화폐 시장을 처음 경험하는 경우 해외 거래소의 환율을 따져서 구매하는 경우는 거의 없기 때문에 코리안 프리미엄의 존재를 모르고 구입하는 경우도 많다. 그렇기 때문에 코리아 프리미엄은 새로운 투자자를 위해서라도 해결되어야 하며 여러 가지 해결방법이 나올 것이라고 생각한다. 각 국의 화폐인 CBDC가 출시되어 해결될 수도 있고 블록체인을 통해서 해결될 수도 있어 시간의 문제라고 생각하지만 어느 방법 모두 시간이 꽤 걸릴 가능성이 높으니 암호화폐를 투자할 때는 코리아 프리미엄을 조심해서 투자해야 한다. 어떻게 보면 과열의 척도를 잘 보여주는 지표일 수도 있으니 과도한 프리미엄이 존재한다면 매도의 기회로 삼는 투자자도 많다.

| 코인의 변동성이 큰 이유는 거래소 때문이다 |

　주식은 어떤 주식 프로그램을 사용하더라도 하나의 호가창을 사용한다. 다시 말해서 키움증권을 사용하던 미래에셋을 사용하던 삼성전자를 사고파는 사람들은 전부 같은 거래 창을 보고 거래한다. 그렇기 때문에 수많은 매수, 매도 주문이 걸려있을 수 있고 큰 호재나 악재가 있지 않는 한 변동성이 크지 않다. 변동성이 크기 위해서는 매수와 매도 주문이 적어야 한다. 매수와 매도 주문이 적어 투자자가 원하는 가격에 사고팔지 못해야 변동성이 커진다.

　암호화폐의 거래소는 Coinmarketcap 사이트 기준으로 2021년 300개가 넘는다. 하지만 한국에도 200개가 넘는 거래소가 있었다는 기사들로 보아 전 세계로 눈을 돌리면 엄청나게 많은 거래소가 있을 것이다. 그리고 이 많은 거래소들은 비트코인의 물량을 나눠가지고 있다. 거기다가 상당 부분의 비트코인은 개인들이 지갑에서 보관하고 있고 약 10%의 비트코인만 거래소에 보관되어지고 있다. 즉, 비트코인의 10%의 물량이 전 세계 거래소에 퍼져있기 때문에 암호화폐 거래소의 매수와 매도의 주문이 적을 수밖에 없다. 물론 소수의 거래소가 다수의 비트코인을 보관하고 있는 경향이 있지만 각 나라의 통화로만 거래할 수 있는 거래소의 수요가 항상 있기 때문에 꽤 많은 수의 거래소들이 비트코인을 나눠가지고 있다.

　거기다가 암호화폐 시장에서 비트코인은 기축 화폐를 담당하기 때문에 대부분의 거래소들은 비트코인을 거래하는 종목을 여러 개 제공한다. 비트코인과 달러의 거래도 있지만 비트코인과 수많은 코인의 거래도 제공하기 때문에 비트코인은 하나의 거래소 안에서도 여러 개로 나눠진다. 사용자가 가장 많은 바이낸스 거래소의 경우 비트코인은 10개가 넘는 종목에 나눠져 있다. 이러한 구조 때문에 암호화폐 거래소의 비트코인 매수, 매도 벽은 생각보다 매우 얇다. 거기다가 거래소끼리 가격이 조금씩은 다르기 때문에 수많은 거래소 봇들이 사고팔고 하면서 거래소끼리 가격을 맞춰가는 경향이 있다. 그래서 하나의 거래소에서 많은 물량을 구매하거나 판매하게 되면 수많은 거래소들도 일제히 영향을 받게 되고 서로 영향을 주기 때문에 작은 악재나 호재에도 암호화폐의 변동성이 주식보다 훨씬 큰 편이다.

비트코인은 매일 900개가 넘게 생성된다. 비트코인이 4천만 원이라는 가정하에 360억 원이 매일 생성된다는 것이며 생성된 비트코인은 채굴자에게 돌아간다. 이렇게 말하면 채굴자들이 쉽게 돈을 버는 것처럼 보이지만 최신 비트코인 채굴기계 기준 200일은 지나야 기계값만큼의 이익을 낼 수 있다. 기계 값이나 전기 값을 포함해서 채굴을 하는 비용이 만만치 않기 때문에 채굴자들은 생성되는 비트코인을 시장에 팔아야 한다. 공장처럼 대규모로 채굴을 하는 기업형 채굴자들이 많고 이들은 비트코인이 적정한 가격대에 올라오면 대규모로 시장에 팔기 때문에 비트코인 변동성에 많은 영향을 미친다. 비트코인의 매수 물량은 적은 편이기 때문에 채굴자의 매도 물량은 비트코인의 가격을 하락시키기에 충분하다.

현재의 거래소 생태계로는 비트코인의 유동성 문제를 해결하기가 쉽지 않다. 또는 해결하고 싶지 않을 수도 있다. 호가창에 매수와 매도 주문이 많이 없다면 거래소를 사용하는 사용자는 원하는 가격에 살 수 없기 때문에 불만족스럽다. 따라서 거래소는 유동성 문제를 해결해야 하지만 반대로 매수와 매도 주문이 너무 많아 변동성이 많이 없다면 거래소는 거래량이 적어지기 때문에 불만족스러울 것이다. 사용자도 코인 가격에 변동성이 많이 없다면 좋아하지 않는다. 그래서 몇몇의 거래소는 유동성과 변동성을 둘 다 잡기 위해서 시가총액이 작은 코인들을 자주 상장시킨다. 거래소에 상장할 수 있는 기준은 거래소가 직접 만들기 때문에 코인의 미래나 개발과정을 심사하는 것이 아니라 해당 코인이 유동성과 변동성을 불러올 수 있는지를 더 중요하게 보는 경우가 많다. 암호화폐 거래소는 실시간으로 거래를 제공해야 하고 사용자가 언제든지 급증할 수 있기 때문에 거래소 서버를 높은 수준으로 유지하고 관리하는데 많은 돈이 들어간다. 거기에 보안 비용까지 더하면 비트코인이나 이더리움같은 시가총액이 높은 코인들의 거래로는 이윤이 나지 않는다. 그렇기 때문에 많은 국내 거래소들도 매년 적자를 면치 못하고 있는 경우가 많다. 시가총액이 높은 메이저 암호화폐의 경우 이미 충분한 유동성을 제공하는 거래소가 존재하기 때문에 후발주자의 거래소들은 새로운 암호화폐를 상장시키는 것이 그들의 생존 전략이다. 너무나 많은 거래소의 경쟁은 무분별한 코인의 상장과 10배, 20배 상승시켰다가 -90%까지 하락하는 도박판같은 코인판을 만들고 있다.

| 시가총액이 적은 코인의 위험성 |

　암호화폐 시장에서 비트코인 외의 모든 코인들을 알트코인이라고 부른다. 하지만 비트코인 외에는 별다른 가치가 없었던 예전과는 달리 지금은 사용성을 보여주는 블록체인들이 나오고 있기 때문에 알트코인이란 용어를 점점 사용하지 않고 있다. 또한 암호화폐 시장은 코인과 토큰을 분리한다. 코인은 플랫폼 블록체인에서 사용되는 기축 암호화폐를 말한다. 이더리움의 경우 이더가 코인이고 바이낸스 스마트 체인에서는 BNB가 코인이다. 그리고 플랫폼 블록체인을 사용하는 앱들이 암호화폐를 사용한다면 그 암호화폐는 토큰이라고 부른다. 즉, 플랫폼용 암호화폐는 코인, 앱용 암호화폐는 토큰이라고 생각하면 쉽다.

　코인이나 토큰들의 사용성이 있는지 없는지는 주관적인 견해가 들어가겠지만 코인의 경우 해당 코인을 기축통화로 사용하는 블록체인이 얼마나 사용되는지로 가치의 판단이 가능한 편이다. 일명 고스트 체인이라 불리는 경우가 많은데 시장에는 아무도 해당 블록체인을 사용하지 않아 의미 없이 돌아가는 수많은 플랫폼 블록체인들이 존재한다. 거의 사용되고 있지 않지만 노드들은 블록체인을 운영하는 값으로 코인을 벌어간다. 사용성이 없는 코인이 많지만 그래도 코인의 경우 해당 플랫폼 블록체인이 얼마나 사용되고, 어떻게 사용되는지 그리고 얼마나 많은 스마트 컨트랙트가 사용되었고 존재하는지 등의 정보가 모두에게 공개되어 있기 때문에 코인은 나름대로의 가치판단이 가능한 편이다. 그렇지만 토큰의 경우 공개되어 있는 자료가 많지 않고 개인이나 기업 등에 의해 좌우되기 때문에 가치판단을 하기가 매우 어렵다. 해당 토큰을 사용하는 블록체인 앱이 완성된 경우에는 누구도 변경할 수 없기 때문에 앱의 사용성과 토큰들의 총 개수 등으로 가치판단을 할 수 있지만 대부분의 토큰들은 아직 앱이 나오지도 않은 상태이거나 계속해서 업데이트가 필요한 상태인 경우가 대부분이기 때문에 투자자가 가치판단을 하기가 어렵다.

하지만 암호화폐 투자를 시작하는 경우 없는 돈인셈 치고 투자하려는 경우가 종종 있는데 이런 경우 시가총액이 높은 비트코인이나 이더리움은 쳐다보지도 않는다. 비트코인이나 이더리움은 소수점으로 구매할 수 있지만 개당 가격이 높으니 제2의 비트코인과 이더리움이 될 코인, 토큰들을 찾게 되는데 이때 가치판단이 어려운 토큰들을 만나는 경우가 많다. 토큰의 경우 누구나 생성할 수 있다. 앱이 없어도 누구나 토큰을 만들어 배포할 수 있으며 토큰을 만들어주는 서비스도 존재한다. 즉, 토큰이 있고 그들이 거래소에서 판매된다고 해서 그들이 대단한 기술을 가지고 있는 것은 아니라는 것을 뜻한다. 이 디지털 쪼가리인 토큰에 가치를 불어넣어 주기 위해서는 사용성 있는 앱이 필요하고 토큰 이코노미가 기반이 되어야 한다. 물론 미래에는 코인보다 토큰을 투자하는 것이 더 잠재력이 있고 더 좋은 가치투자일 수도 있다. 왜냐하면 코인은 플랫폼 블록체인을 돌아가도록 만드는 보상수단으로 사용되어야 하기 때문에 어느 정도의 인플레이션이 필요하기 때문이다. 하지만 토큰은 이미 돌아가는 블록체인의 앱에서 사용되기 때문에 인플레이션이 필요 없으며 대부분의 토큰은 물량이 고정되어 있다. 또한 사용자가 직접 사용하는 것은 블록체인이 아니라 앱일 것이기 때문에 킬러앱의 토큰을 투자하는 것이 기축통화인 코인을 투자하는 것보다 더 큰 보상이 따라올 수도 있다.

그렇지만 몇 가지 이유에서 토큰 투자는 매우 조심히 투자해야 한다. 첫 번째는 토큰은 주식이 아니기 때문이다. 보통 기업이나 스타트업들이 암호화폐 앱을 만들 시 자금을 충당하기 위해 토큰을 나눠준다. 토큰을 받은 사람은 프로젝트의 초기 투자자가 되는 것이지만 스타트업 시장의 초기 투자자의 지위는 얻지 못하는 경우가 많다. 주식으로 회사의 권한을 나누는 것과 달리 수많은 토큰의 사용성은 주식보다 못한 경우가 많으며 토큰의 초기 투자자들은 기업이 앱을 어떤 방향으로 개발하는지, 잘 개발하고 있는지의 정보를 전혀 알 수가 없다. 심지어 개발 방향을 180도 바꾸어도 토큰 투자자에게 알려주지 않는 프로젝트들도 많다. 만약 개발을 열심히 하는 스타트업이라도 살아남을 수 있는 스타트업은 극히 일부이다. 스타트업이 성장해서 주식 시장에 상장되거나 다른 기업에 인수될 수 있는 확률이 얼마나 적은 지는 누구나 알고 있다. 개인적으로는 블록체인 앱을 개발하는 기업들은 스타트업보다 더 힘든 길을 가는 것이라고 생각한다. 2017년 수 백개의 프로젝트들이 이더리움 블록체인에서 앱을 만드려고 자금을 충당했지만 지금 그렇다 할 이더리움 앱은 손에 꼽는다. 초기의 토큰을 투자하는 것은 스타트업의 주식을 사는 것보다 더 위험하고 어려운 길이다.

토큰 투자가 위험한 또 다른 이유는 아직 플랫폼 블록체인의 승자가 정해지지 않았기 때문이다. 현재 거의 대부분의 앱과 토큰은 이더리움 블록체인에 만들어졌고 만들어지고 있는데 만약 이더리움이 플랫폼 블록체인의 승자가 되지 못한다면 이 수많은 앱들과 토큰들은 무용지물이 된다. 물론 이더리움 블록체인에는 이미 많은 사용자가 존재하기 때문에 예외로 치더라도 이더리움 외의 거의 모든 플랫폼 블록체인들에게는 현실적인 문제이다. 토큰 자체의 리스크도 존재하지만 플랫폼 블록체인 리스크도 존재하기 때문에 아직 완성되지 않은 앱의 토큰을 투자하는 것은 매우 신중하게 해야 한다. 그럼에도 투자하고 싶은 프로젝트가 있다면 몇 가지를 살펴봐야 한다. 토큰을 가지고 있더라도 주주를 의미하는 것은 아니기 때문에 토큰의 사용성을 꼼꼼하게 따져서 투자해야 한다. 다른 말로는 토큰 이코노미라고 부르기도 하는데 토큰 이코노미가 탄탄해 앱의 사용성에 따라 토큰의 가격이 잘 떨어지지 않고 결국에는 가격이 상승하는 구조를 가지는지 잘 살펴봐야 한다. 또한 프로젝트와 투자자 간의 소통이 잘 이루어지는지 살펴보는 것도 중요하다. 한 유명한 프로젝트는 몇십억을 사용 해 블록체인 게임을 개발하다가 블록체인 게임의 수요가 잘 보이지 않자 게임 개발자를 40명 넘게 해고하는 일이 있었다. 꽤 중대한 일이었지만 토큰 투자자들은 게임 개발자들이 40명이 해고당한 지 1년이 넘어서야 알게 된 경우도 있다. 따라서 토큰을 발행한 기업들은 기존의 스타트업과는 차원이 다를 정도의 높은 투명성을 투자자들에게 제공해야 한다. 회사의 대부분의 회의는 토큰 투자자들에게 공개되어야 하며 프로젝트의 자금은 얼마나 남았고 어떻게 사용했는지 공유해야 하고 개발 현황을 수시로 업데이트해주어야 한다. 이러한 과도한 소통이 없는 프로젝트는 투자에 리스크가 많은 것을 염두해야 하며 앱이 출시되지 않는 토큰은 투자하지 않는 것도 방법이다. 토큰 투자자는 디지털 쪼가리에 가치를 불어넣는 것이 굉장히 어렵다는 것을 생각해야 한다.

| 누구는 코인으로 몇 억 벌었다던데? |

블록체인 기술을 신나게 설명하다 보면 결국 듣는 이야기는 코인을 사도 되는지의 질문이다. 물론 코인은 블록체인에 필요한 존재이다. 하지만 블록체인의 수가 다양해 경쟁자가 너무 많다. 거기다가 제일 많은 성과를 보이는 이더리움 블록체인 조차도 기술의 발전은 아직 갈 길이 멀다. 현재의 블록체인 기술은 인터넷과 비교하면 전화 모뎀을 사용해 인터넷을 하는 것과 비슷한 단계라고 생각한다. 즉 80 ~ 90년대의 인터넷 기술 수준과 비슷한 수준이기 때문에 어느 블록체인이 승자인지 패자인지 밝혀지지 않은 상태이기도 하다. 또한 하나의 블록체인이 선택될지 아니면 여러 개의 블록체인이 각자의 사용성에 의해 선택될지도 모른다. 물론 선택된 블록체인은 많은 산업에서 글로벌하게 사용될 가능성이 높기 때문에 해당 블록체인의 코인을 가지고 있다면 잠재력이 큰 투자이기도 하다. 하지만 몇 백개가 넘는 프로젝트 중 단 하나만 선택될 수 있는 시장에서 실패할 가능성이 훨씬 높다는 리스크를 감수해야 한다.

블록체인과 암호화폐 시장은 새로 탄생한 산업이다. 그렇기 때문에 새로운 눈으로 바라 볼 필요가 있다. 현재 다수의 사람들은 기존의 눈으로 바라보고 있기 때문에 데이터 쪼가리 또는 실체가 없는 것을 거래하는 것처럼 느껴진다. 그래서 코인 시장 전체를 사기나 폭탄 돌리기로 치부하는 경향도 있다. 물론 그러한 코인들도 많이 있지만 그전에 왜 이 시장에 돈이 이렇게 많이 몰리는 지를 생각해보아야 한다. 돈의 유동성이 역대로 많은 시기이긴 하지만 그것을 감안하고서도 하루에 100조 원이 넘게 거래되는 시장이다. 현재의 시장 자체는 그 정도의 가치를 가지고 있지 않기 때문에 상당한 양의 버블이 끼어있다고 생각한다. 하지만 터지면 회생이 불가능한 버블이 아니라 캘리포니아 골드러시나 닷컴 버블과 비슷한 류의 버블이라고 생각한다. 골드러시의 버블이나 닷컴 버블은 실체가 있었지만 과도한 수요에 의해 쓸모없는 버블이 만들어진 경우이다. 버블은 시간이 지나 터졌지만 실체는 지금까지도 영향을 미치고 있다. 골드러시는 캘리포니아를 만들어냈고 인터넷은 수많은 IT기업들을 만들어냈다. 코인 시장도 언젠가는 버블이 터질 테지만 시장 전체가 사장되는 것을 의미하는 것은 아니다. 건강한 시장으로 변모하고 오랫동안 많은 산업에 영향을 미칠 가능성이 높기 때문에 현재 거품이 끼어 있다고 해서 외면할 수 있는 시장 또한 아니라고 생각한다.

캘리포니아에 금을 캐러 간 사람보다 청바지를 팔고 장비를 제공하고 숙소를 제공한 사람들이 더 많은 부를 벌어들일 수 있었고 닷컴 버블 때도 직접 주식을 투자한 사람보다 인터넷 기업을 만들고 코딩을 공부한 사람들이 더 많은 부를 축적할 수 있었던 것처럼 블록체인 시장도 코인을 직접 투자하는 것보다 더 많은 기회가 바깥에 있을 수 있다. 인터넷에 필수적인 브라우저나 스마트폰에 필수적인 앱 시장의 점유율을 다수 확보한 기업들은 세계적인 기업이 되었다. 블록체인의 시장이 진짜이고 앞으로도 발전될 가능성이 있다면 블록체인에 꼭 필요한 제품을 만드는 기업을 투자하는 게 코인을 직접 투자하는 것보다 더 좋은 투자일 수 있다. 직접 앱을 만들거나 블록체인을 활용해 본인의 제품을 팔 수도 있다. 따라서 누군가 코인으로 돈을 많이 벌었다는 이야기에 현혹되어 따라서 투자하는 것보다 블록체인 시장이 왜 필요한지에 대한 이해가 더 중요하다고 생각한다.

암호화폐/블록체인 기술이해

02 암호화폐/블록체인 기술이해

| 탈중앙화 시스템과 노드 |

파일을 인터넷에서 다운로드하기 위해서는 크게 두 가지 방법이 존재한다. 하나는 웹하드를 사용하는 것이고 또 다른 하나는 토렌트 같은 P2P 파일 공유 프로그램을 사용하는 것이다. 웹하드와 토렌트는 중앙화 시스템과 탈중앙화 시스템의 장단점을 잘 보여준다. 두 시스템의 장단점을 설명하기 위해서 웹하드와 토렌트 두 가지 방법을 사용해 무료로 배포된 '블록체인 교육영상 시리즈'를 다운로드한다고 가정하자. 웹하드에서 이 '블록체인 교육영상 시리즈'를 다운로드하기 위해서는 웹하드 기업이 운영하는 서버에 접속해서 직접 다운로드하게 된다. 서버에 접속해서 직접 다운로드하는 것이기 때문에 빠르다는 장점이 있고 서버에 '블록체인 교육영상 시리즈'가 존재하는 한 계속해서 다운로드할 수 있다는 것도 웹하드의 장점이다. 하지만 웹하드 기업이 원하면 서버에서 파일을 언제든지 지울 수 있고 서버를 운영하는 비용이 들기 때문에 웹하드 서비스는 대부분 유료이다. 그래서 웹하드는 중앙화 된 방법으로 파일을 공유한다고 할 수 있다.

토렌트는 독자적인 서버에서 파일을 다운로드하는 것이 아니라 사람과 사람끼리 파일을 공유한다. 공유하는 사람들을 '피어'라고 부르며 같은 파일을 공유하는 피어가 많을수록 더 쉽게 파일을 공유받을 수 있다. '블록체인 교육영상 시리즈'를 토렌트로 받기 위해서는 '블록체인 교육영상 시리즈' 영상을 보유하고 있는 피어들에 연결해야 한다. 따라서 토렌트를 사용하면 독자적인 서버를 운영할 필요가 없기 때문에 무료라는 장점이 있고 누구도 '블록체인 교육영상 시리즈'를 쉽게 지울 수 없다는 것도 장점이다. 피어들의 모든 컴퓨터에서 지워져야 비로소 '블록체인 교육영상 시리즈'가 사라진다. 하지만 단점은 웹하드 방식보다 느리다는 것과 시간이 지날수록 '블록체인 교육영상 시리즈'를 보유하는 피어가 사라진다는 것이 토렌트가 가진 단점이다. 토렌트는 탈중앙화 된 방법으로 파일을 공유한다.

서버 없이 파일을 공유하고 다운로드할 수 있다는 점과 어떤 중앙화된 기관이 시스템을 통제할 수 없다는 점에서 토렌트에 사용되는 기술은 혁신적이다. 하지만 사용자의 컴퓨터에는 저장공간의 한계가 있으니 오래된 파일을 계속해서 보유하고 공유할 동기가 없다. 만약 '블록체인 교육영상 시리즈'의 전편을 저장하고 공유하면 돈을 받는 시스템이라고 가정하자. 보상의 양에 따라 파일을 보관하고 공유할 동기가 생길 수 있다. 이들이 해야 하는 것은 컴퓨터를 24시간 켜놓아야 하고 새로운 시리즈가 나오면 추가해서 공유하는 것이다. 보상의 금액이 저장공간, 전기세, 컴퓨터 감가상각을 더한 값보다 더 크다면 많은 사람들이 '블록체인 교육영상 시리즈' 전편을 보유하고 공유하려 할 것이다.

따라서 적절한 보상이 주어지는 경우 세 가지를 해결할 수 있다. 첫 번째는 더 많은 사람이 '블록체인 교육영상 시리즈'를 보유하도록 도와준다. 두 번째는 많은 사람이 '블록체인 교육영상 시리즈'를 공유하니 피어를 찾기가 쉬워지고 더 쉽게 영상을 다운로드할 수 있다. 세 번째는 많은 사람들이 진짜 '블록체인 교육영상 시리즈'를 보유하고 있기 때문에 가짜 '블록체인 교육영상 시리즈'를 만들어서 퍼뜨리기에 더 많은 노력이 필요하다.

블록체인의 시스템은 토렌트 환경에 보상을 주는 시스템과 흡사하다. 블록체인 시스템에서 피어는 노드라고 불리며 블록체인 내에서 노드들은 '블록체인 교육영상 시리즈' 대신에 '블록체인의 모든 거래를 담은 장부 파일'을 저장하고 공유하며 그에 대한 보상으로 코인을 받는다. 비트코인 블록체인에서는 노드에게 비트를 보상하고 이더리움 블록체인에서는 이더를 노드에게 보상한다. 2020년 기준 '비트코인 장부' 파일은 256기가바이트가 넘는다. 비트코인의 거래는 계속해서 일어나고 있기 때문에 '비트코인 장부'파일은 계속해서 늘어난다. 앞으로 10년 뒤, 256기가의 '비트코인 장부'파일은 512기가가 넘을 것이다. 그럼에도 불구하고 노드들은 보상을 받을 수 있기 때문에 2020년 기준 만개가 넘는 노드가 전 세계에 존재하며 이들은 256기가의 '비트코인 장부' 파일을 저장하고 공유한다. 면밀히 말하자면 노드가 된다고 모두가 보상을 받을 수 있는 것은 아니지만 보상을 받기 위한 첫 번째 조건이 노드가 되는 것이다.

토렌트의 피어가 많아지면 많아질수록 웹하드를 대체할 수 있는 부분이 생기는 것처럼 비트코인의 노드가 많아질수록 부분적으로 은행의 일을 대체하고 있다. 국제송금을 보내기 위해서는 보내는 은행, 받는 은행, SWIFT를 거쳐야 하기 때문에 국제 송금을 보내기 위해서는 많은 수수료를 내야 하고 많은 시간이 걸리게 된다. 보내는 은행 서버에서 SWIFT서버, 그리고 받는 은행의 서버까지 송금된 돈이 옮겨가야 하니 많은 비용과 시간이 걸리는 이유이다. 하지만 비트코인을 보내는 데에는 서버를 사용하지 않고 만 명이나 되는 노드들이 함께 '비트코인 장부'를 저장하고 공유해주고 있으니 싸고 빠르게 보낼 수 있다. 가족의 생계를 책임지는 해외 노동자들에게 돈을 보낼 때 사용하는 중앙화 시스템은 사치이며 국제 송금은 탈중앙화 된 시스템으로 대체되었고 대체되고 있다.

비트코인 블록체인의 다음 세대인 플랫폼 블록체인들도 종류는 다양하지만 비트코인 블록체인과 본질적으로 비슷하다. 각각의 플랫폼 블록체인에는 수많은 노드들이 해당 '플랫폼 블록체인 장부'를 저장하고 공유하면서 플랫폼 블록체인을 돌아가게 한다. 그리고 각각의 블록체인 방식에 따라 노드들은 코인으로 보상을 받는다. 플랫폼 블록체인과 비트코인 블록체인의 한 가지 다른 점은 비트코인 블록체인의 장부에는 보통 비트코인의 '전송' 기록이 저장되는 반면 플랫폼 블록체인의 장부에는 다양한 기록 등이 저장된다. 다양한 기록에는 '전송'을 포함해서 '인출', '예금', '교환' 등 가지각색의 기능들이 포함될 수 있기 때문에 비트코인 블록체인보다 폭넓게 사용될 수 있고 더 다양한 곳에서 중앙화 시스템을 대체할 수 있다.

| 비트코인 채굴자와 작업 증명 |

노드들은 블록체인 장부를 저장하고 공유한 후 한 가지 더 일을 하면 보상을 받는다. 바로 새로운 장부를 추가하는 일이다. 과거의 장부들은 수많은 노드들이 이미 공유를 하고 있지만 새로운 장부는 아무도 공유하고 있지 않아 검증되지 않은 정보이다. 그래서 블록체인마다 어떻게 새로운 기록을 저장하고 노드마다 어떻게 합의를 이뤄가는지의 과정이 다르다. 이것을 합의 알고리즘이라고 부르는데 크게는 작업 증명(PoW, Proof of Work)과 지분 증명(PoS, Proof of Stake)으로 나눠진다. 일단 비트코인과 함께 세상에 처음 나온 것은 작업 증명이다. 작업 증명에서 노드들은 연산 작업을 하며 문제를 풀어내는 노드는 새로운 장부를 추가할 수 있는 권한과 보상을 받는다. 새로운 장부가 추가되면 연산 작업에서 이기지 못한 노드들은 새로운 장부를 검증하고 검증이 완료되면 본인의 장부에 새로운 장부를 추가한다.

비트코인은 여전히 작업 증명을 사용하고 있으며 앞으로도 계속해서 사용할 계획이다. 이더리움의 경우 현재는 1.0 버전으로 작업 증명을 사용하고 있지만 2022년에 2.0 버전으로 넘어가면서 지분 증명으로 넘어가려 하기 때문에 이 주제에서는 비트코인의 작업 증명을 예로 든다. 비트코인 블록체인은 비트코인 보상을 두고 매 10분마다 연산 게임이 시작되는데 게임의 룰은 예측이다. 혹자는 수학 문제라고 이야기하지만 계산으로 답을 푸는 것이 아니라 일일이 대입해봐야 답을 찾을 수 있기 때문에 수학 문제보다는 얼마나 빨리 대입해볼 수 있느냐의 경쟁이다. 작업 증명 게임을 이해하기 위해서는 'SHA256'을 사용하는 해시함수 프로그램을 이해해야 한다. 만약 일반 함수에서 X에 1, 2, 3 값을 대입했을 때 Y가 2, 3, 4가 나 온다면 우리는 함수의 식이 Y = X + 1이라는 것을 알 수가 있다. 그래서 Y 가 4라는 것을 알고 있다면 X는 3이라는 반대의 값도 풀어내는 것도 가능 하다. 하지만 'SHA256'은 Y값을 알더라도 X값을 예측할 수가 없도록 만든 암호화 알고리즘이다. 따라서 X값마다 고유한 Y값이 나오지만 나온 Y값 으로는 X값을 유추할 수가 없다. 채굴 경쟁 또는 연산 경쟁에 암호화 알고 리즘을 사용하기 때문에 비트코인을 암호화폐라고 부른다. 'SHA256' 프 로그램을 좀 더 쉽게 비유하자면 믹서기로 야채주스를 만드는 것과 같다. 믹서기를 돌려서 야채주스가 만들어졌는데 이 야채주스로는 어떤 야채들 이 들어갔는지 예상할 수 없는 것과 같다. 이 정확한 비율의 야채주스를 찾기 위해서는 하나하나 각종 야채를 넣어보는 수밖에 없다. 즉 비트코인 의 작업 증명은 정확한 비율의 야채주스를 찾는 것과 같다.

비트코인의 작업 증명은 매 10분마다 게임이 시작되며 목푯값이 주어 진다. 이 목푯값은 'SHA256'의 Y값으로 되어있다. 즉 게임에 참가한 노드 들은 본인들의 채굴 기기를 사용해 X값을 하나씩 대입하고 Y값이 목푯값 과 같거나 목푯값보다 낮은 값을 찾는다. 해당 Y값을 만들어내는 X값을 논스라고 부르며 쉽게 말해서 채굴자들은 논스를 찾으면 보상을 받는다 고도 말할 수 있다. 그리고 연산게임은 10분마다 돌아가야 하기 때문에 목푯값은 경쟁에 따라 난이도가 조절된다. 목푯값의 난이도 조절은 2016 번의 새로운 게임을 진행하면 조절된다. 만약 경쟁이 너무 쉬워 10분 안 에 논스값을 찾게 되면 논스값을 찾기가 더 어려워지며 논스값이 너무 어려워 10분이 지나도 논스값을 찾지 못하게 되면 논스값을 찾는 것은 더 쉬워진다.

보통 비트코인을 채굴할 때 ASIC이라는 채굴기계를 사용한다. 그래픽 카드로는 ASIC의 X값 대입 능력을 따라갈 수 없기 때문에 그래픽 카드로는 비트코인의 보상을 받기란 거의 불가능이다. 그럼에도 현재 그래픽 카드의 가격이 높은 이유는 이더리움 블록체인도 작업 증명을 사용하기 때문이다. 이더리움에도 ASIC기계가 존재하지만 지분 증명으로 넘어갈 블록체인이기 때문에 새로운 ASIC기계가 비트코인만큼은 활발하게 나오지 않는다. 또한 이더리움은 'SHA-256'을 사용하지 않기 때문에 비트코인을 채굴하는 ASIC기계로 이더리움을 채굴할 수 없는 이유도 있다. 글을 쓰는 기준 가장 최근에 나온 ASIC기계는 약 550만 원 정도이며 초당 90 테라 해시의 능력을 가지고 있다. 'SHA-256'에서 X값을 대입하는 것을 해시라고 부르기 때문에 90 테라 해시는 초당 90조 번의 X값을 대입한다고 할 수 있다. 2021년 11월 기준 비트코인 블록체인에 참여한 총해시는 초당 1.5억 테라 해시이니 논스값을 찾는 것이 얼마나 어려운지 예상할 수 있다. 비트코인을 해킹하기 위해서는 블록체인에 참여한 총 해시중 51% 이상을 가져와야 하기 때문에 총 해시 파워가 증가하면 증가할수록 더 안전하다고 할 수 있다.

2017년도만 하더라도 대부분의 블록체인은 작업 증명이었다. 엄청난 연산 능력을 자랑하는 ASIC기계에는 전기세나 감가상각 같이 ASIC기계를 운영하는 돈이 많이 들어간다. 공짜로 나눠지는 비트코인 또는 수많은 코인들이 가치를 가질 수 있었던 근본적인 이유는 코인을 보상받는데 이러한 금전적인 노력이 들어가기 때문이다. 만약 채굴자가 코인 하나를 채굴하는데 만원이나 들었다면 해당 코인을 만원 이하로는 팔려고 하지 않을 것이다. 연산 작업이 가치를 부여했다고 할 수 있고 대단히 획기적이었지만 작업 증명은 더 이상 대세의 합의 알고리즘이 아니다. 2021년에 새로 나오는 블록체인이나 시가총액 상위권의 블록체인 중 작업 증명을 사용하는 것은 손에 꼽는다. 작업 증명은 안정적이지만 몇 가지 문제가 존재하기 때문이다.

작업 증명에서 채굴자는 승자독식구조이다. 수많은 참가자가 존재하더라도 매 10분마다 승리하는 것은 논스값을 찾아낸 채굴자이다. 하지만 채굴을 하기에는 꽤 많은 돈이 필요하기 때문에 승리하지 못한 채굴자들은 손해만 보게 된다. 그렇기 때문에 그룹을 지어서 같이 채굴하고 그룹 안에서 논스값을 찾는 사람이 나오면 제공한 해시 파워로 보상을 나누는 형식의 채굴 풀들이 생겨나게 된다. 채굴 풀을 사용해서 채굴을 하게 되면 안정적으로 보상을 가져갈 수 있기 때문에 대부분의 채굴자는 채굴 풀을 사용해서 채굴을 한다. 그런 이유로 6개의 큰 채굴 풀들이 총 비트코인의 75%가 넘는 해시 파워를 제공하고 있다. 채굴자들은 언제든지 채굴 풀들을 변경할 수 있기 때문에 큰 문제가 아니라고 할 수도 있지만 6개의 채굴 풀들이 많은 힘을 가지고 있는 것은 분명 문제이다. 만약 비트코인 블록체인에 더 좋게 만드는 업데이트가 있는데 만약 이 업데이트가 보상의 양을 줄어들게 한다면 채굴 풀들은 업데이트를 반대할 것이다. 6개의 채굴 풀들이 담합한다면 해당 업데이트는 쉽게 반대할 수 있다. 그렇지만 이는 비트코인에는 큰 문제가 되지 않는 편이다. 왜냐하면 비트코인은 이미 완성된 제품이기 때문에 많은 업데이트가 필요하지 않다. 하지만 새로 나오는 블록체인이나 플랫폼 블록체인들의 경우 앞으로 수많은 업데이트가 필요하기 때문에 작업 증명은 적합하지 않은 합의 알고리즘이다.

또한 에너지의 문제도 있다. 에너지는 사용하면 없어지는 것이 아니라 어떤 형태로든 남아있게 된다. 재생에너지를 사용한다 하더라도 100%

재생에너지만 사용할 수 없기 때문에 현재의 지구온난화 같은 문제를 막는 근본적인 방법은 최대한 에너지를 덜 쓰는 것이다. 따라서 작업 증명에 사용되는 에너지 소모는 좋지 않게 보일 것이 분명하다. 비트코인의 에너지 소모가 금이나 은행에 비교하면 매우 작은 수준이라고 주장하는 사람들도 있지만 하나의 전송당 에너지로 보면 비트코인이 더 높다. 비트코인 블록체인을 활용해 새로운 기술로 더 많은 전송을 만들어낼 수는 있지만 전송당 에너지 소모가 은행의 수준까지 가기 위해서는 갈 길이 멀다. 또한 비트코인의 가격이 올라가면 올라갈수록 비트코인의 에너지 소모는 늘어난다는 것도 단점이다. 비트코인의 가격이 높아지면 보상도 높아지기 때문에 경쟁이 늘어나고 소모되는 에너지도 늘어나게 된다. 만약 작업 증명이 모든 블록체인에서 사용된다면 블록체인 시장이 아무리 혁신적이라 하더라도 달갑게 보이지 않을 것이다.

거기다가 채굴에는 전기세가 중요한 요소가 되기 때문에 전기세가 싼 지역으로 채굴자들이 모이게 된다. 중국의 채굴 금지가 채굴의 지역적인 분산에 많은 도움이 되었지만 그럼에도 불구하고 채굴이 완벽하게 분산되는 것은 한계가 있기 때문에 대규모의 해시 파워는 비슷한 지역에서 제공되는 경우가 많다. 따라서 지역적인 분산이 잘 이뤄지지 않는다. 한 가지 더 작업 증명은 채굴에 전기세를 많이 내기 때문에 작업 증명은 변동성이 더욱 큰 경향도 존재한다. 채굴자들은 보상으로 전기세나 감가상각 같은 비용을 충당해야 하기 때문에 시장에 코인을 판매하는 경우가 더 많아 시장은 채굴자의 움직임을 주시하게 된다. 때때로는 채굴자들의 움직임은 비트코인 시장의 하락을 결정하기도 한다.

┃이더리움의 밸리데이터와 지분 증명┃

지분 증명에는 여러 가지 종류가 있지만 이더리움 2.0이 가장 커뮤니티의 숫자도 크고 노드의 숫자도 많으니 이더리움 2.0을 경우로 예를 든다. 이더리움 2.0이라 칭하는 이유는 현재 사용하는 이더리움 1.0은 작업 증명을 사용하고 있고 이더리움 2.0은 안전성 테스트를 하며 지분 증명으로 돌아가고 있기 때문이다. 이더리움 블록체인은 2022년에 이더리움 1.0과 2.0을 합칠 계획을 가지고 있고 이 때 지분 증명으로 넘어간다. 비트코인의 노드는 글을 쓰는 기준 만개가 좀 넘지만 이더리움 2.0의 노드는 20만 개가 넘어간다. 지분 증명은 채굴기계나 그래픽카드 없이 일반 컴퓨터로 참여할 수 있기 때문에 더 많은 노드를 불러올 수 있다. 하지만 지분 증명에서 보상을 얻기 위해서는 채굴기계 대신 코인이 필요하다. 이더리움 2.0에서는 기축통화인 이더가 32개 필요하며 이더리움 블록체인을 잘 돌아가게 하는데 도움을 주면 보상을 받고 블록체인에 해가 되는 일을 하면 32개에서 차감된다.

X값을 찾으면 새로운 기록을 장부에 저장하고 보상을 받는 작업 증명과는 달리 지분 증명은 새로운 기록을 장부에 저장할 수 있는 권한을 랜덤으로 준다. 권한을 받은 사람은 새로운 기록을 정확하게 장부에 저장하고 공유하면 보상을 받는다. 만약 잘못된 기록을 저장하거나 권한이 주어졌는데도 저장하지 않고 공유하지 않는다면 보상을 받는 것이 아니라 돈이 깎이게 된다. 물론 이 시스템은 프로그램에 의해 돌아가기 때문에 노드를 돌리는 사람은 컴퓨터를 24시간 켜 놓기만 하면 된다. 작업 증명에서는 기록을 장부에 저장하고, 장부를 공유하고 보상을 받는 사람을

채굴자라고 부르지만 지분 증명에서는 밸리데이터라고 부른다. 승자독식인 작업 증명과는 달리 지분 증명에서는 장부를 저장할 수 있는 권한을 부여받지 못하는 밸리데이터들도 보상을 받아간다. 그들은 권한을 부여받는 노드들이 정확한 기록을 저장하는지 검증하는 역할을 한다. 따라서 검증자(Validator)라는 이름을 사용한다. 검증만 하는 노드들에게도 보상이 주어지기 때문에 작업 증명처럼 채굴자 풀이 만들어질 이유가 없다. 또한 지분 증명에는 연산 경쟁이 없어 일반 컴퓨터로도 돌아가기 때문에 불필요한 에너지를 소모하지 않아도 된다.

지분 증명도 작업 증명과 마찬가지로 하나의 개인이나 집단이 다수의 네트워크를 독점하고 있으면 문제가 생긴다. 작업 증명에서 51%가 넘는 해시 파워를 하나의 개인이나 집단이 독점하고 있으면 해킹 당할 수 있는 것 처럼 지분 증명에서는 총 코인 개수의 반을 하나의 개인이나 집단이 소유하면 해킹할 수 있다. 그렇기 때문에 소수에 의해 코인이 독점되어있는 블록체인이 지분 증명을 사용한다면 큰 문제가 된다. 하지만 이더리움 2.0 같은 퍼블릭 블록체인들은 모든 기록이 공유되어 있기 때문에 얼마나 잘 분산되고 독점되어가는지를 볼 수 있어 사전에 예방이 가능하다. 또한 채굴기계의 반을 독점하는 것보다 이더의 반을 독점하는데 돈이 더 많이 들어가기 때문에 지분 증명이 해킹하기 더 어렵다는 장점도 가지고 있다. 그래서 지분 증명의 경우 이더 같은 기축통화의 가격이 더 올라가면 올라갈수록 더 안전해진다. 게다가 풀이 존재하지도 않고 네트워크의 성공과 밸리데이터들의 이익이 일치하기 때문에 해당 블록체인에 긍정적인 방향으로 업데이트가 되는 경우 밸리데이터의 수익이 줄더라도 쉽게 업데이트가 될 수 있다는 장점도 있다.

지분 증명에도 단점이 존재한다. 지분 증명을 사용하는 블록체인은 어떻게 기축통화를 잘 분산시키고 독점화를 막을 것인지의 고민이 필요하다. 또한 밸리데이터들이 100% 온라인이 아니라는 단점도 가지고 있다. 작업 증명의 경우 연산 경쟁에 참가해서 보상을 얻었다는 것은 온라인이라는 것을 뜻한다. 따라서 새로운 기록을 저장하고 공유하는데 문제가 없지만 지분 증명의 경우 이러한 권한을 랜덤으로 받기 때문에 해당 밸리데이터가 온라인이 아니게 되는 경우도 있다. 또한 블록체인은 멈추지 않는 기차와 같기 때문에 업데이트를 실행할 시 블록체인을 멈추고 업데이트를 할 수가 없다. 달리는 기차를 두 개로 만들어서 서로 다른 레일로 달리도록 하게 하는 방법밖에 없으며 이것을 포크라고도 부른다. 포크로 찍는 부분이 갈라져있기 때문에 나온 이름이다. 블록체인이 포크가 된 경우 작업 증명은 하나의 네트워크가 두 개로 갈라졌기 때문에 채굴자들은 두 개 중에 하나를 선택해야 한다. 만약 채굴자들이 반반 나뉘어 다른 두 개의 네트워크를 돌아가게 한다면 두 개의 네트워크가 전부 돌아가지만 모든 채굴자가 하나의 네트워크만 선택하는 경우 선택되지 않는 네트워크는 멈추게 된다. 여기서 중요한 점은 채굴자들은 하나의 선택만 할 수 있다는 것이다. 하지만 지분 증명의 밸리데이터의 경우 하나의 네트워크가 두 개로 나눠지면 밸리데이터의 코인은 반반 나눠지는 것이 아니라 똑같은 양의 코인이 양쪽에 생기게 된다. 만약 이더리움 2.0의 블록체인에서 포크가 일어나는 경우 32개의 이더가 있었다면 각각의 블록체인에 32개의 이더가 들어가게 된다. 그 경우 밸리데이터는 하나의 선택이 아니라 두 개의 선택이 가능하며 이 것은 두 개의 네트워크가 전부 돌아가도록 하고 계속해서 포크를 만들어내는 악영향을 줄 수 있다. 밸리데이터가 온라인이 아닌 경우와 체인이 갈라질 시 두 개의 네트워크를 동시에 선택하는 것은 블록체인에 악영향을 준다. 따라서 밸리데이터들은 32개의 이더를 예치해야 하며 온라인이 아니거나 체인이 갈라질 시 두 개의 선택을 하면 예치한 32개의 이더에서 차감된다. 32 이더는 이더리움 스마트 컨트랙트에 예치하기 때문에 중앙화 된 집단에서 차감시키는 것이 아니라 스마트 컨트랙트의 계약대로 룰에 의해 차감된다. 이렇게 암호화폐를 스마트 컨트랙트에 예치하는 행위를 스테이킹이라고 부르며 탈중앙화 된 네트워크를 만들 때 자주 사용되고 있다. 지분 증명도 탈중앙화 된 네트워크를 만드는 것이기 때문에 지분 증명을 사용하는 거의 모든 블록체인은 스테이킹을 지원한다.

작업 증명이 먼저 나온 합의 프로토콜이기 때문에 작업 증명 말고는 잘못된 방식이라고 주장하는 사람들이 간혹 있지만 여러 가지 이유로 플랫폼 블록체인에는 지분 증명의 방식이 작업 증명보다 더 낫다고 생각한다. 지분 증명을 해킹하는데 더 많은 돈이 소요되기도 하고 노드 개수의 성장성이 더 크다. 암호화폐 시장을 보더라도 작업 증명에서 지분 증명으로 많이 넘어오기도 했다. 시가총액 10위안에서 작업 증명을 사용하는 블록체인은 이제 비트코인 외에 도지코인밖에 없다. 작업 증명은 비트코인과 잘 맞기도 하고 한 동안은 비트코인의 강세가 지속될 것이기 때문에 작업 증명 자체가 쉽게 없어지지는 않겠지만 디파이나 NFT같이 블록체인을 다양하게 활용하는 것은 계속해서 지분 증명의 블록체인에서 나올 가능성이 크다고 생각한다.

| 블록과 트랜잭션의 의미 |

들어보지 못한 단어를 한 번에 많이 듣게 되면 이해하는데 어려움이 있다. 그렇기 때문에 채굴자나 밸리데이터들이 '새로운 기록을 장부에 저장'한다고 표현했지만 새로운 트랜잭션을 블록에 담는다고 해야 더 정확한 표현이다. 여기서 트랜잭션은 기록이며 블록은 장부이다. 새로운 트랜잭션은 블록체인에서 나온 새로운 기록이라고 할 수 있다. 밸리데이터들은 랜덤으로 트랜잭션을 블록에 담을 수 있는 권한을 부여받고 트랜잭션들을 블록에 담아 공유하면 수많은 밸리데이터들은 이 블록 안에 있는 트랜잭션들을 검증하고 새로운 블록을 기존의 블록에 합쳐서 저장한다. 레고의 블록처럼 기존 블록에 딱 맞는 새로운 블록을 붙이는 것이기 때문에 블록들이 결합되어 있는 것처럼 보이고 이것을 체인에 결합된 것처럼 표현해 블록체인이라고 부른다. 하나하나의 블록들에는 트랜잭션들이 저장되어 있는데 트랜잭션이 무엇인지 좀 더 정확한 이해가 필요하다.

블록체인에서 사용자가 암호화폐를 전송하고 싶다면 채굴자나 밸리데이터에게 요청해야 한다. 요청할 시 필요한 전송 데이터를 모아서 요청하게 되는데 기본적으로는 어떤 암호화폐인지, 몇 개를 보내는지, 어디서 보내는지, 어디로 보내는지의 정보는 담겨 있어야 한다. 이러한 전송 데이터를 트랜잭션이라고 부르며 트랜잭션을 전송해 채굴자나 밸리데이터들에게 상태를 변경하도록 요청하는 것이다. 채굴자나 밸리데이터들이 해당 트랜잭션을 블록에 담으면 전송이 성공되고 보낸 사람의 암호화폐는 줄어들고 받은 사람의 암호화폐는 늘어나도록 상태를 변경시킨다. 이 새로운 기록과 상태는 수많은 채굴자나 밸리데이터들에게 공유된다.

플랫폼 블록체인의 경우 일반 전송 외에도 다양하게 사용되기 때문에 요청되는 트랜잭션의 종류도 다양하다. 일반 전송이 아니라 A와 B의 코인을 서로 교환하는 식의 트랜잭션도 요청할 수 있으며 이런 경우 일반 전송보다 요청해야 하는 데이터의 크기가 더 크다. 따라서 트랜잭션의 데이터 크기는 변동되며 복잡한 스마트 컨트랙트를 사용하면 할수록 데이터의 크기가 커진다. 트랜잭션의 크기는 제각각이기 때문에 트랜잭션을 저장하는 블록은 트랜잭션의 개수로 저장하는 것이 아니라 데이터의 크기로 저장한다. 또한 블록에 저장되는 데이터 양의 최대의 양은 정해져 있다. 블록당 정해진 데이터의 양이 있기 때문에 블록체인 장부 기록이 감당할 수 있을 만큼 증가한다는 장점이 있지만 블록체인의 수요가 너무 높을 경우 블록의 양의 한계로 트랜잭션이 블록에 저장되기까지 너무 오래 걸리는 이유가 되기도 한다.

사용자가 트랜잭션을 요청하면 해당 트랜잭션은 수영장 같은 풀에 옮겨지고 이것을 멤풀이라고 한다. 따라서 멤풀은 아직 블록에 저장되지 않은 트랜잭션들이 모여있는 공간이라 이해하면 쉽다. 밸리데이터들은 멤풀에 있는 트랜잭션들을 골라서 블록에 저장시키며 보통 수수료를 높게 내는 순서로 블록에 포함시킨다. 멤풀에 보내진 트랜잭션은 블록에 저장되기 직전의 데이터들이기 때문에 정확한 데이터들이 많아 이것을 활용하는 서비스들도 많다. 예를 들면, 이들의 수수료를 종합적으로 평균내어 적절한 수수료 값을 보여주는 서비스도 존재하고 어떤 코인의 수요가 갑자기 많아지는지 판단할 수 있는 데이터가 되기도 한다. 하지만 나쁘게 쓰이는 경우도 존재한다. 어떤 A라는 사용자가 이더 코인을 구매하려고 트랜잭션을 보낸 경우 이 것을 멤풀에서 빠르게 판단해 수수료를 더 높게 주고 A라는 사람보다 먼저 이더 코인을 구매한 후 A한테 더 비싼 값에 팔 수도 있다. 그렇다고 수수료를 더 많이 주는 데로 빨리 처리하는 방식을 없애고 먼저 보낸 순서대로 트랜잭션을 블록에 저장시킨다면 무의미한 트랜잭션을 엄청나게 보내는 스팸 공격이 가능해지기 때문에 수수료를 없애는 방식으로 위와 같은 프런트 러닝 문제를 해결할 수는 없다. 지금으로썬 멤풀을 거치지 않고 다이렉트로 밸리데이터에게 요청을 하는 방식으로 해결되려고 하는 것 같다.

지난 몇 년간 그리고 앞으로도 오랫동안 플랫폼 블록체인이 해결해야 하는 문제는 확장성이다. 확장성은 즉 얼마나 많은 트랜잭션들을 수용할 수 있는지를 말한다. 현재는 블록당 저장할 수 있는 트랜잭션의 숫자에 한계가 있기 때문에 확장성 문제를 가지고 있는데 이 것을 해결하기 위해서 여러 가지 해결방법이 나오고 있다. 이 해결방법을 이해하는 것은 암호화폐 시장의 흐름을 이해하는데 도움을 주기 때문에 암호화폐를 투자하고 있다면 이해하는 것이 좋다. 그리고 나오고 있는 해결방법들을 이해하기 위해서는 블록과 트랜잭션의 관계를 이해하고 있어야 한다.

| 블록체인에 수수료가 필요한 이유 - 가스란? |

 현재의 플랫폼 블록체인의 형태를 묘사한다면 수많은 컴퓨터를 연결해 하나의 거대한 컴퓨터를 만든 것이라고 생각한다. 이 거대한 컴퓨터는 보완이 매우 뛰어나지만 아직 성능은 일반 컴퓨터 하나의 수준이다. 성능이 그저 그럼에도 불구하고 플랫폼 블록체인을 사용하려는 수요가 높아졌다. 성능은 시간이 지날수록 좋아지겠지만 아무리 좋은 컴퓨터다 하더라도 성능을 무한대로 늘릴 수는 없다. 그리고 이 거대한 컴퓨터의 성능이 좋아진다는 이야기는 연결된 컴퓨터의 성능이 좋아져야 된다는 이야기기도 하다. 만약 성능을 위해 연결된 컴퓨터의 최소사양을 높여버린다면 연결된 컴퓨터는 적어질 수밖에 없고 탈중앙성을 약화시킨다. 이더리움의 최소 스펙은 약 4 코어 CPU에 8GB RAM이다. 이 정도의 스펙은 대부분의 컴퓨터에서 가능하기 때문에 연결된 컴퓨터가 많아 이더리움의 탈중앙성은 매우 높은 편이다. 많은 컴퓨터들이 연결되어 있기 때문에 높은 탈중앙성을 가지고 있지만 성능에는 한계가 있으니 이 거대한 컴퓨터의 작업을 수치화하는 작업이 필요하다. 거대한 컴퓨터의 작업의 양을 수치화한다면 최대 작업량을 정할 수 있고 사용 한 만큼 수수료를 지불하게 만들 수 있기 때문이다. 이더리움 블록체인에서는 작업의 양을 가스로 표현하기 시작했으며 가스는 많은 플랫폼 블록체인에서도 사용한다.

 가스 값은 두 가지로 존재하는데 하나는 가스 한도(Gas Limit)이고 또 다른 하나는 가스 가격(Gas Price)이다. 가스 한도는 거대한 컴퓨터의 작업의 양이다. 블록은 총 가스 한도 값이 존재하고 이 가스 한도 값 안에서 사용자들은 컴퓨터를 사용한 만큼의 가스 값을 지불한다. 만약 사용자가 이더리움 블록체인을 사용해서 토큰을 거래했다고 가정하자. 그럼 이더리움 컴퓨터는 사용자가 요청한 거래를 성사시키기 위해서 사용자의 자산 현황을 체크하고 토큰을 교환하고 구매한 토큰은 자산 현황에서 추가하고 판매한 토큰은 자산 현황에서 빼는 역할을 수행해야 한다. 이 거래는 하나의 트랜잭션으로 저장되지만 사용자는 네 개의 기능을 사용한 값을 지불해야 한다. 만약 자산 현황을 체크하는데 500 가스, 토큰을 교환하는데 9,000 가스, 자산 현황을 업데이트하는데 500 가스를 사용했다고 하면 사용자는 이 거래에서 10,000 가스를 사용한 셈이다. 이더리움 컴퓨터가 1개의 블록당 200,000 가스를 감당한다면 토큰 거래에 사용된 트랜잭션 20개를 블록에 담을 수 있다.

물론 토큰을 교환하는 데에도 방식이 전부 다르기 때문에 앱이나 토큰마다 사용하는 가스의 양이 다르다. 사용하는 가스의 양이 천차만별이기 때문에 개인이 직접 예측하기가 쉽지 않아 보통은 암호화폐 지갑에서 자동으로 가스 한도를 추측해서 알려준다. 만약 10,000 가스의 양을 지불해야 하는 교환 기능에 9,000 가스 한도를 지불하게 되면 이더리움 컴퓨터를 사용하다 9/10 지점에서 작업이 멈추기 때문에 거래에 실패하고 지불한 가스는 소멸된다. 반대로 10,000 가스의 양을 지불하는 교환 기능에 20,000 가스 한도를 지불하게 되면 10,000 가스 한도까지 사용하고 남은 10,000 가스 한도는 되돌려 받을 수 있다. 쓰지 않는 가스는 되돌려 받기 때문에 가스 한도를 아예 없애도 되지 않을까 의문이 들 수 있지만 이런 경우 해킹에 노출될 수 있다. 교환 기능인줄 알았던 앱이 사실은 무한대의 가스를 사용하게 만드는 해킹 앱이었다면 내가 가진 모든 이더를 수수료로 사용할 것이다. 따라서 '가스 한도'는 작업을 중단하는 시점을 보장해주는 역할을 한다.

가스 가격은 경매 시스템과 같다. 가스 한도를 지불하면서 슈퍼 컴퓨터를 사용해야 하는데 나와 같이 슈퍼 컴퓨터를 사용하고 싶은 사람들이 많다면 누가 먼저 사용할 수 있는지 순번을 정해주어야 한다. 만약 먼저 신청한 대로 처리해 주게 된다면 해킹에 노출되기가 쉽다. 해커가 슈퍼 컴퓨터에 엄청난 숫자의 트랜잭션 요청을 만들게 된다면 이 뒤에 사용하려는 사용자는 오랫동안 사용하지 못하고 슈퍼 컴퓨터는 과부하에 걸리기 쉽다. 인터넷에서 디도스 해킹과 비슷한 개념이며 이를 방지하기 위해서 경매 시스템을 도입했다. 즉, 가스 가격을 더 높게 지불한 사람이 먼저 슈퍼 컴퓨터를 사용할 수 있는 기회를 제공받게 되는 것이다. 그렇게 되면 엄청난 수의 트랜잭션을 요청하는데 금전적인 부담이 따라오게 되니 해킹을 받을 가능성이 더 적어진다. 하지만 현재 사용성이 있는 플랫폼 블록체인들은 사용자들이 서로 사용하기 위해서 경매의 가격을 계속 높이기 때문에 하나의 트랜잭션당 지불해야 하는 가격이 너무 높아졌다.

2021년 12월 기준으로 이더리움 블록체인에서 블록당 담을 수 있는 총 가스 양은 30,000,000 가스이며 이더리움에서 가장 많이 사용되는 유니 스왑의 토큰 교환에는 약 130,000 가스가 들어간다. 약 230개의 '교환' 트랜잭션을 1개의 블록당 담을 수 있다. 15초마다 1개 정도의 블록이 생성되기 때문에 15초마다 230개의 트랜잭션을 이더리움 컴퓨터가 수행한다는 뜻이다. 이더리움 컴퓨터는 매우 안전하게 이 작업을 수행하고 있지만 글로벌하게 사용되기에는 매우 적은 수치이다. 사용자가 지불하는 총 가스 값은 가스 한도 X 가스 가격 이기 때문에 가스 가격에 따라 수수료는 배수로 늘어난다. 사용성이 많이 없었던 2016년대의 이더리움 컴퓨터는 1 가스 가격에도 충분히 트랜잭션을 요청할 수 있었지만 5년이 지난 현재 100 가스 가격이 넘어가는 것을 종종 볼 수도 있다. 이더의 가격이 과하게 올라가는 경우 몇 천 가스 가격도 볼 때도 있다. 5년 전에 비해 지불해야 하는 가스 가격이 100배, 1000배 늘어났다는 이야기이기도 하다. 블록체인이 사용되고 있다는 것은 매우 긍정적이나 교환하는 트랜잭션을 요청하는데 몇만 원이 넘어가는 것은 일반 사용자의 접근을 막는 장애물이기도 하다. 블록체인 시장은 트랜잭션을 수행할 때 필요한 가스 값을 낮추려고 지난 몇 년간 많은 노력을 하였으며 결과물이 가시권에 나오고 있다. 결과물의 더 자세한 이야기는 '확장성은 어떻게 해결할까?' 주제에서 다룬다.

| 암호화폐의 최소 단위는 소수점이다 |

전통적인 금융시장에서의 최소 단위는 1이다. 원화도 1원이 가장 작은 최소 단위이며 주식시장도 1주가 최소의 단위이다. 따라서 주식의 가격이 너무 높아지게 되면 액면분할을 해 주당 가격을 낮춰 소액 투자자들도 들어올 수 있게 한다. 하지만 많은 암호화폐의 경우 최소 단위는 소수점이기 때문에 액면분할이 필요하지 않다. 비트코인의 경우 소수점 8자리가 최소 단위이며 이더리움의 경우 소수점 18자리가 최소 단위이다. 비트코인의 최소 단위를 사토시라고 부르며 1 사토시(Satoshi)는 0.00000001비트이다. 하지만 현재 1 사토시에 대한 단위가 너무 작기 때문에 많이 사용되지는 않는다. 덜 적은 단위인 mBTC 나 cBTC 같은 단위도 거의 사용되지 않고 있다. mBTC와 cBTC의 단위는 다음과 같다.

> 1 mBTC = 100,000 Satoshi = 0.001 BTC
> 1 cBTC = 1,000,000 Satoshi = 0.01 BTC

이더리움의 경우 소수점의 범위가 더 넓기 때문에 이들을 칭하는 단위가 더 많다. 이더리움의 최소 단위는 웨이(wei)라고 부르며 0.000000000000000001 이더가 1 wei이다. wei 또한 단위가 너무 작아 많이 사용되지는 않고 있지만 gwei의 경우는 많이 사용되고 있다. 기가 웨이(giga wei)라는 뜻이며 1 gwei는 0.000000001이더이다. 그웨이(gwei)가 많이 사용되는 이유는 가스의 기본 값이기 때문이다. 이 전 주제에서 가스 한도와 가스 가격을 언급했는데 이들 숫자의 단위는 gwei이다. 만약 가스 한도가 21000이라면 21000 gwei라는 뜻이며 가스 가격도 100이라면 100 gwei라는 뜻이다. 즉 사용자가 지불하는 총가스의 값은 (21000 X 100) gwei이기 때문에 2,100,000 gwei를 지불하는 것이며 1 gwei당 0.000000001 이더이기 때문에 가스 값으로 0.0021 이더를 지불한다는 뜻이다. gwei 이외에는 자주 사용되는 단위는 많이 없지만 이더리움 소수점 단위는 다음과 같다.

```
1 KILO WEI = 1,000 WEI = 0.000000000000001 ETH
1 MEGA WEI = 1,000,000 WEI = 0.000000000001 ETH
1 GIGA WEI = 1,000,000,000 WEI = 0.000000001 ETH
1 TERA WEI = 1,000,000,000,000 WEI = 0.000001 ETH
1 PETA WEI = 1,000,000,000,000,000 WEI = 0.001 ETH
```

이더리움 가스값이 높은데도 계속해서 사용되는 이유

현재 사용성이 있는 플랫폼 블록체인들에는 많은 사용자들이 사용하려 하기 때문에 가스 가격이 높다는 언급을 이전 주제에서 했다. 하지만 '충분한' 사용성이 있다고 말할 수 있는 플랫폼 블록체인은 이더리움 블록체인뿐이다. 많은 이더리움 외의 플랫폼 블록체인들은 2016년대의 이더리움 블록체인처럼 사용성을 찾고 있는 단계이다. 약간의 사용성을 찾아낸 플랫폼 블록체인들도 존재하지만 이더리움 블록체인처럼 수많은 트랜잭션이 블록에 담기기 위해 멤풀에서 기다리고 있지는 않는다. 만약 그들이 이더리움 블록체인처럼 충분한 사용성을 만들어내게 되면 요청되는 트랜잭션의 숫자는 늘어나고 결국에는 그들도 가스 값 문제(수수료 문제)를 가지게 된다. 즉, 수수료 문제는 모든 블록체인이 가지고 있는 문제이다. 현재 이더리움 블록체인의 가스 값이 비싼 이유는 이더리움의 거대한 컴퓨터 성능이 제한되어 있어 꼭 사용해야 하는 사람들이 더 많은 돈을 지불하고 사용하고 있기 때문이다. 만약 컴퓨터의 성능이 좋아진다면 가스 값은 자연히 내려간다. 하지만 문제는 인터넷처럼 전 세계의 사람들이 하나의 플랫폼 블록체인을 사용하게 된다면 아무리 좋은 성능의 컴퓨터라 하더라도 과부하를 겪을 수밖에 없기 때문에 컴퓨터의 성능의 개선만으로는 가스 값 문제를 앞으로 풀지 못할 것이다.

이더리움 블록체인은 지난 몇 년간 사용성을 보여주었다. 현재 토큰을 교환하는 것에 몇 만 원을 지불해야 하고 더 어려운 스마트 컨트랙트를 사용하게 되면 몇 십만 원을 지불해야 하지만 이더리움 블록체인에서 블록에 담기는 트랜잭션의 숫자는 하루에 백만 개가 넘는다. 트랜잭션을 전송하는 데 2 만원이라고 가정하면 이더리움 블록체인에 지불하는 가스값은 하루에 200억이 넘어간다. 사용자가 네트워크에 지불하는 수수료가 1년에 7조가 넘는다는 것이니 이미 거대한 네트워크라고 할 수 있다. 블록체인 시장에서는 이더리움은 가스값으로 망하고 그로 인해 다른 플랫폼 블록체인들이 그 자리를 꿰찰 것이라는 주장이 예전부터 계속 있어왔다. 하지만 이 주장은 몇 년이 지난 현재 틀린 주장으로 결론 낼 수 있을 것 같다. 물론 이더리움의 가스값은 높고 가스 값 문제는 계속해서 사용자들을 괴롭히고 있다. 돈을 단순하게 전송하는 데에도 몇천 원이나 소요된다. 가끔 비트나 이더의 가격이 단기간에 폭락하는 경우 마진거래를 한 투자자는 청산되려는 것을 막으려는 움직임으로 수수료에 상관없이 자금을 빠르게 옮기려고 한다. 이때 이들은 높은 가스 가격으로 트랜잭션을 전송하기 때문에 이때 블록체인의 수수료는 천정부지로 올라가게 된다. 때때로는 하나의 트랜잭션 가스 값에 몇 백만 원을 넘게 사용하기도 한다. 그럼에도 불구하고 이더리움의 가스값은 이더리움 블록체인 발전에 부정적인 영향을 끼치는 것 같지 않아 보인다. 가스값이 본격적으로 문제가 된 2020년부터 지금까지 이더리움의 트랜잭션의 숫자는 꾸준하게 상승하고 있기 때문이다. 즉, 높은 수수료에도 불구하고 누군가는 꾸준하게 사용하고 있다는 점이다.

이더리움 블록체인에는 현재 수 천 개의 애플리케이션이 작동하고 있다. 물론 터무니없는 앱이나 테스트용인 앱도 많겠지만 대표적인 몇몇의 앱을 사용한다 해도 꽤 안전하게 연간 10%의 수익을 얻을 수 있다. 백만 원을 투자한다면 1년 안에 110만 원으로 늘릴 수 있는 것이니 시중의 금리를 생각하면 나쁘지 않은 수익율이다. 하지만 이더리움의 가스값이 너무 높기 때문에 이러한 앱을 사용하는 데에 약 10만 원이 들어간다. 앱에서 자금을 회수하는 데에도 7만 원이 넘으니 1년 동안 투자한다 하더라도 17만 원을 잃고 시작하는 것이다. 2년 동안 투자해야 복리를 제외하고 3만 원을 벌어갈 수 있다. 1년에 1.5%를 버는 것이니 예금이나 적금을 그만하면서까지 블록체인 앱을 사용하는 것은 그렇게 좋은 딜이 아닌 것처럼 보인다. 하지만 블록체인에서 트랜잭션 수수료는 자본에 크기에 의해 달라지는 것이 아니라 스마트 컨트랙트에 따라 달라진다. 즉, 100만 원으로 앱을 사용하든 1억으로 앱을 사용하든 트랜잭션으로 사용하는 가스값은 같다. 따라서 10%의 수익은 100만 원의 단위가 아니라 1억 원 단위로 투자하게 된다면 이야기가 달라진다. 언급했듯이 앱을 사용하는 수수료는 상대 값이 아니라 절댓값이기 때문에 1억으로 앱을 사용하더라도 똑같이 10만 원이 소요된다. 똑같이 앱에서 자금을 회수하는 데에도 7만 원이니 1억 원을 투자하면 연간 10%의 수익으로 천만 원을 벌어들일 수 있지만 소요되는 가스값은 17만 원에 불과하다. 100 GWEI기준 앱에서 사용되는 스마트 컨트랙트를 실행하는 값이 17만 원이니 17만 원을 상회하는 수익을 얻을 수 있다면 아무리 가스값이 높다 하더라도 누군가는 앱을 계속해서 사용될 수 있다. 수수료가 20만 원이든 30만 원이든 중요한 것은 아니다. 수수료가 백만 원이 넘더라도 1년에 천만 원을 벌 수 있는 앱이라면 사용될 것이며 이러한 이유로 이더리움 블록체인은 높은 수수료에도 불구하고 계속해서 사용되고 있다. 토큰을 거래할 때도 마찬가지이다. 거래하려는 코인의 퍼센트대로 수수료를 내는 것이 아니라 양에 상관없이 일정한 수수료를 낸다. 따라서 고액의 거래는 업비트 같은 거래소보다 이더리움 거래 앱을 사용하는 게 더욱 이득일 수 있다.

그럼에도 자본이 많지 않은 사람들은 높은 수수료로 인해 똑같은 혜택을 보지 않는 점에서는 분명 이더리움에 악영향을 끼치는 것은 맞다고 생각한다. 적은 자본으로 블록체인을 사용하려는 사용자가 월등하게 많기 때문에 이러한 사람들이 이더리움 외의 다른 플랫폼 블록체인을 찾는 현상이 지난 1년간 일어났다. 그 덕에 바이낸스 스마트 체인처럼 컴퓨터의 성능을 높이고 노드를 제한시켜 수수료 문제를 단기적으로 해결한 플랫폼 블록체인이 많은 수혜를 보았다. 바이낸스 스마트 체인 같은 몇몇의 플랫폼 블록체인들이 수혜를 보고 플랫폼 블록체인의 많은 성장이 일어났지만 그들의 낮은 수수료에도 불구하고 이더리움 블록체인에 미치는 영향은 그렇게 크지 않았다. 이더리움 블록체인에서 다른 플랫폼 블록체인으로 이주하는 앱도 거의 없었으며 이더리움의 트랜잭션 숫자는 꾸준하게 일어났고 수수료도 계속해서 높았다. 거기다가 NFT라는 중요한 시장도 이더리움 블록체인에서 생겨났다. 이러한 현상은 크게 두 가지 이유라고 생각한다.

첫째는 다른 블록체인들은 성능을 높여 더 많은 트랜잭션들을 블록에 빠르게 넣을 수 있었지만 그 결과로 노드를 제한해야 했고 탈중앙성이 매우 낮아졌다. 이더리움 1.0의 노드는 만 개가 넘고 이더리움 2.0의 노드는 20만 개가 넘지만 바이낸스 스마트 체인은 21개이다. 이더리움 블록체인을 사용하는 사용자들은 이더리움 수수료의 문제보다 탈중앙성이 더 중요했기 때문에 많은 이주가 일어나지 않았다고 생각한다. 또 다른 하나는 귀찮음이다. 아이폰에서 안드로이드폰으로 바꾸는 경우 처음에 적응하기가 매우 어렵다. 반대도 마찬가지이다. 이와 같이 이더리움 블록체인에서 다른 블록체인을 사용한다는 것은 본인이 사용했던 경험(사용자 경험)들을 버리고 새로운 경험을 하게 된다는 이야기이다. 블록체인마다 지갑, 앱, 익스플로러(트랜잭션을 상세하게 보는 사이트), 커뮤니티가 전부 다르다. 그렇기 때문에 이미 이더리움 블록체인에 적응한 사용자들은 새로운 사용자 경험을 하지 않으려고 한다. 바이낸스 스마트 체인은 이러한 사용자 경험을 쉽게 만들기 위해서 이더리움을 거의 그대로 가져왔지만 결정적인 앱의 이주가 없었기 때문에 두 블록체인의 사용자 경험은 결국 차이가 있었다. 이는 아이폰에서 안드로이드 폰으로 넘어왔는데 앱이 전부 다른 것과 같다.

이더리움 블록체인을 잡기 위해서 많은 플랫폼 블록체인들의 시도가 있었지만 번번이 실패했다. 그렇다고 해서 이더리움 블록체인이 변화하지 않아야 된다는 뜻은 아니다. 이더리움 블록체인의 사용성이 꾸준하게 있다고 앞으로도 네트워크에 별 문제가 없을 것이라고 생각하면 안 되며 어떻게든 수수료 문제를 해결해 나가야 한다. 이더리움 블록체인의 수수료가 높은 이유는 비효율적이기 이유이다. 지금까지 블록체인의 비효율성을 해결하기 위해서 나온 해결방법은 안정성이나 탈중앙성를 포기한 플랫폼 블록체인들이었다. 그리고 시장의 결과로 안정성이나 탈중앙화를 포기하는 플랫폼 블록체인들은 대안이 되지 못한다는 것이 판명되었다. 지금도 플랫폼 블록체인들은 그들만의 방식으로 블록체인을 효율적으로 만드려고 노력하며 만약 그들이 이더리움보다 먼저 효율적인 해결방법을 제시한다면 많은 사용자를 그들의 블록체인으로 불러올 수 있다. 그렇기 때문에 플랫폼 블록체인들은 안정성과 탈중앙화를 포기하지 않으면서 블록체인의 효율성을 이끌어내야 한다. 블록체인의 효율성을 확장성이라고도 부를 수 있으며 블록체인 시장에서는 얼마나 많은 트랜잭션을 블록 안에 넣어 블록체인의 확장성을 극대화할 수 있는 지의 개발이 계속되고 있다. 이 확장성 문제를 얼마나 안전하고 효율적으로 해결할 수 있는지 그리고 얼마나 빠르게 해결하는지가 거의 모든 플랫폼 블록체인들이 가지고 있는 고민이다.

| 블록체인의 가장 큰 문제: 확장성 |

블록체인이 실생활에서 사용될 수 있는 수준을 퍼즐로 비유한다면 마지막 퍼즐은 확장성이다. 확장성이라는 퍼즐을 빼고 나머지 퍼즐은 전부 맞춰놓은 블록체인들이 많다. 이러한 블록체인에는 비트코인도 포함되며 많은 플랫폼 블록체인들도 마지막 퍼즐을 맞추기 위한 노력들을 하고 있다. 여기서 확장성을 속도로 이해하는 사람들이 많지만 엄밀히 말하자면 속도와 확장성은 다르다. 블록체인에서는 블록에 트랜잭션을 계속해서 추가한다. 블록체인 총 거래기록에 트랜잭션을 하나하나씩 추가하는 것이 아니라 블록으로 추가하기 때문에 이 블록에 얼마나 많은 기록을 담을 수 있느냐가 확장성의 키이다. 플랫폼 블록체인의 대표 격인 이더리움의 경우 하나의 블록에 보통 150개에서 300개의 트랜잭션이 들어간다. 플랫폼 블록체인의 경우 트랜잭션으로 '전송'만 할 수 있는 것이 아니라 '거래', '입금' 등등 다양한 기능들을 할 수 있는데 트랜잭션마다 너무 다양한 부피를 차지하기 때문에 블록마다 추가할 수 있는 트랜잭션의 숫자에는 변동이 있다.

비트코인은 블록당 2100개의 트랜잭션을 수용하지만 이더리움은 150개 ~ 300개의 트랜잭션을 수용한다. 그렇다고 해서 비트코인의 확장성이 더 큰 것은 아니다. 블록이 추가되는 시간이 다르기 때문이다. 비트코인은 매 10분마다 새로운 블록을 추가하지만 이더리움은 1분에 4개 정도의 블록을 추가한다. 따라서 확장성을 수치화하기 위해서 초당 수용할 수 있는 트랜잭션의 숫자를 TPS (Transaction Per Second)로 표현한다. 1 TPS라면 1초당 1개의 트랜잭션을 수용할 수 있다는 뜻이다. 비트코인은 보통 7 TPS를 가지고 이더리움은 25 TPS를 가진다. 플랫폼 블록체인들의 TPS들은 인터넷에서 손쉽게 알아낼 수 있는 정보이기도 하다.

확장성의 문제 또는 가스 값이 비싼 문제는 블록체인이 수용할 수 있는 TPS보다 더 많은 트랜잭션이 일어날 때 일어난다. 사용자가 트랜잭션을 요청하게 되면 멤풀에 보내지게 되는데 요청된 트랜잭션들이 여기에 전부 모여있다. 이제 채굴자가 블록을 형성하게 되면 멤풀 안의 있는 트랜잭션들을 가스 가격이 높은 순서대로 블록에 포함시킨다. 하지만 플랫폼 블록체인은 담아야 할 트랜잭션들이 너무 많다. 대출, 거래, 게임, 소셜 등 너무나 종류가 많기 때문에 이더리움 블록체인의 25 TPS의 확장성으로는 어림도 없다. 아직 블록체인이 대중들에 의해 사용되는 수준이 아니지만 이미 멤풀에서 본인의 차례를 기다리고 있는 트랜잭션은 너무나도 많아졌으며 이더리움의 경우 몇 년 전에 비해 수수료는 100배가 넘게 오른 상태이다. 만약 이더리움의 블록에 150개 ~ 300개의 트랜잭션이 들어가는 것이 아니라 15000개 ~ 30000개의 트랜잭션이 들어가도록 만든다면 지금보다 100배인 2500 TPS를 가질 수 있고 지금보다는 더 많은 사람들이 사용할 수 있다. 물론 이 정도의 확장성도 충분하다고 할 수는 없다. 플랫폼 블록체인들은 현재 인터넷에서 모든 사용자가 1초에 클릭하는 횟수만큼 결국에는 수용할 수 있어야 한다고 생각하며 그렇기 때문에 플랫폼 블록체인들은 결국에는 거의 무한한 TPS를 수용할 수 있어야 한다.

하나의 플랫폼 블록체인이 거의 무한한 TPS를 수용할 수 있을지 아니면 여러 개의 플랫폼 블록체인들이 나눠서 수용할지는 아직 알 수 없다. 하지만 90년대의 인터넷 속도와 그리고 5G 시대의 인터넷 속도를 비교할 수 없는 것처럼 언젠가는 블록체인 시장도 확장성을 지금과는 비교할 수 없게 확장시킬 것이라고 생각한다. 그래서 거의 무한한 TPS를 수용하는 플랫폼 블록체인이 나타나는 것은 시간의 문제라고 생각한다. 물론 확장성이 속도를 나타내는 것은 아니다. 만약 하나의 블록체인이 무한한 TPS를 갖는다고 속도가 무한히 빨라지는 것은 아니다. 확장성은 무한대로 커질 수는 있지만 속도가 빨라지는 데에는 한계가 존재한다. 왜냐하면 하나의 블록에 거의 무한한 거래 기록이 들어간다 하더라도 이전 블록과 다음 블록의 시간 차이가 있기 때문에 아무리 빨라진다 하더라도 블록 간의 텀이 한계이기 때문이다. 이더리움 블록체인에서 약 15초마다 블록을 생성하기 때문에 15초보다 더 빨라질 수는 없다. 블록체인은 많은 노드들이 서로 합의하고 블록을 형성해 나가는 것이기 때문에 블록을 만들어 나가는데 어느 정도의 시간이 필요하다.

이 속도를 1초 이내로 잡은 솔라나 블록체인도 존재하지만 솔라나의 노드가 되기 위해서는 요구하는 성능이 높은 편이다. 이런 경우 평범한 컴퓨터로는 노드를 할 수가 없으니 노드의 숫자는 이더리움 블록체인과 비교해서 월등히 낮아 탈중앙성이 낮은 편이다. 따라서 블록체인의 기술 개발이 현재의 인터넷 기술만큼 개발되지 않은 상태라면 여러 개의 플랫폼 블록체인들이 서로 연결되어 체인들의 장점을 살려나갈 것으로 보인다. 예를 들면, 솔라나 블록체인은 이더리움 네트워크보다 수수료도 낮고 속도도 빠르지만 탈중앙성이 낮기 때문에 솔라나 블록체인에 무슨 문제가 생긴다면 사용자는 이더리움으로 자본을 뺄 수 있도록 개발되어야 블록체인끼리 서로 연결되고 단점은 서로 보완될 것이다. 현재도 두 블록체인을 잇는 브릿지 시스템이 존재하지만 솔라나 블록체인에 문제가 생길 경우 이더리움으로 자본을 빼낼 수 없다. 실제로 솔라나 블록체인은 네트워크가 멈추는 사태가 몇 번 발생하기도 했는데 이 과정에서 솔라나 블록체인의 자본은 묶여있었다. 만약 솔라나 블록체인이 멈추더라도 이더리움 블록체인으로 안전하게 자금을 가져올 수 있고 이러한 플랫폼 블록체인들의 연결이 계속해서 많아진다면 하나의 플랫폼 블록체인이 모든 확장성 문제를 해결하지 않아도 된다.

| 확장성은 어떻게 해결할까? |

현재 플랫폼 블록체인의 경향은 거의 모든 플랫폼 블록체인들이 이더리움 블록체인과 연결하려고 한다는 것이다. 더 자세하게는 세 번째 챕터에서 다루겠지만 현재 대부분의 토큰이 이더리움 블록체인에 있기 때문에 플랫폼 블록체인들은 이 자본들을 가져오기 위해서 이더리움 블록체인과 연결하려고 한다. 이더리움은 그 결과 플랫폼 블록체인의 허브로 변화해가고 있으며 이더리움을 중심으로 수많은 플랫폼 블록체인들이 연결되어 있는 모양새로 발전해나가는 중이다. 플랫폼 블록체인 중 가장 노드가 많아 탈중앙성이 높고 안전하기 때문에 이더리움을 허브로 사용하고 있는 중이며 확장성의 개발 단계도 이더리움이 가장 앞서있어 계속해서 허브의 역할을 할 가능성이 높다. 그래서 다른 플랫폼 블록체인에 관심이 있더라도 이더리움이 확장성 문제를 어떻게 해결하는지 알고 있는 것은 중요하다.

일단 확장성을 높인다는 것은 얼마나 많은 트랜잭션을 블록체인에서 허용할 수 있느냐인데 지금까지의 시도는 실패했었다. 지금까지의 시도는 노드의 스펙을 높여서 블록의 사이즈와 블록의 수를 증가시켜 더 많은 트랜잭션을 수용하려고 했었다. 이렇게 된다면 노드의 CPU도 증가시켜야 할 뿐 아니라 저장공간도 빠르게 증가되어야 한다. 이더리움은 하나의 블록당 약 80KB의 사이즈를 가지고 있다. 약 15초마다 1개의 블록을 생성하고 있으니 하루 기준 약 5760개의 블록을 생성한다. 즉, 약 460MB씩 하루에 늘어난다는 뜻이다. 1년에 165GB씩 늘어나는 셈이니 늘어나는 블록체인 장부 데이터를 충분히 저장시킬 수 있는 편이다. 하지만 블록의 사이즈를 늘리거나 블록의 개수를 늘리게 된다면 늘어나는 장부 데이터를 저장시키기가 더 어려워진다. 만약 노드들의 스펙이 높아 1초에 블록을 1번씩 생성한다면 하루에 86400개의 블록을 생성할 테고 80KB 블록 사이즈 기준 하루에 6.9GB 늘어나며 1년에는 2.4TB씩 늘어난다. 일반 사람들이 본인들의 컴퓨터 저장공간을 1년에 2.4TB씩 늘리는 것이 불가능한 숫자는 아니지만 분명히 165GB씩 늘어나는 블록체인보단 노드의 숫자가 더 적을 것이다.

장부 데이터의 사이즈는 노드들의 숫자도 줄이지만 문제는 1년에 2.4TB씩 늘어난다 하더라도 확장성 문제를 해결하지 못한다는 것이다. 1초에 80KB 블록을 수용한다는 것은 약 70개의 트랜잭션을 1초에 수행한다는 것이다. 암호화폐 시장에서 제일 큰 바이낸스 거래소는 사용자가 많고 다루는 코인도 매우 많다. 수많은 사용자들이 코인을 사고팔고 하기 때문에 바이낸스는 1초에 약 140만 개의 사고파는 요청들을 처리할 수 있다. 그럼에도 종종 140만 개보다 더 많은 요청으로 바이낸스 앱이 멈추기도 한다. 하지만 플랫폼 블록체인의 경우 바이낸스 같은 앱이 수 백개에서 수 천 개가 돌아가야 하기 때문에 140만 개보다 훨씬 더 많은 요청(트랜잭션)을 처리할 수 있어야 한다. 하지만 현재의 이더리움보다 15배 빨라져도 140만 개의 요청을 처리하기 위해서는 20000배는 더 많이 처리할 수 있어야 한다. 만약 1년에 2.4TB가 아니라 48,000TB(2.4 TBX20,000)씩 늘어난다면 결국 소수의 기업이 이끌어가는 블록체인이 되며 그럼 현재의 시스템과 별반 다를 게 없다. 이런 경우 블록체인을 사용할 필요가 전혀 없다. 따라서 노드의 스펙을 올려 블록 사이즈나 블록의 개수를 증가시키는 것만으로는 확장성 문제를 해결할 수 없다.

블록체인의 확장성 문제가 처음 대두된 2017년 이후로 지난 4년간 블록체인 시장에서는 확장성 문제를 어떻게 해결할 지에 대한 개발이 이뤄졌고 그동안에 수많은 실패와 수정이 있었다. 하지만 지금은 확장성 문제를 꽤 해결할 수 있는 방법들이 가시권에 나왔고 앞으로 몇 년간은 이 방법들이 계속해서 대세일 가능성이 높다. 물론 확장성 문제를 완전하게 해소하기 위해서는 앞으로 10년이 넘게 걸릴 수도 있다. 하지만 확장성 문제는 점진적으로 해결될 것이며 앞으로 몇 년간 점진적으로 해결할 수 있는 이유는 바로 롤업과 샤딩 기술 때문이다. 이더리움 블록체인 외의 플랫폼 블록체인에서는 샤딩과 롤업으로 부르지 않는 경우도 있으나 그들이 확장성을 해결하기 위해 사용하는 기술은 롤업과 샤딩 기술과 많이 다르지 않다. 일단 롤업은 트랜잭션의 데이터를 줄이는 기술이며 샤딩은 데이터를 병렬로 처리하는 기술이다. 롤업과 샤딩에 대해서는 다음 주제에서 좀 더 자세하게 언급하도록 하고 이번 주제에서는 개념을 먼저 설명하려고 한다. 롤업이나 샤딩 이 외의 확장성 문제를 해결할 수 있는 기술이 나오게 되면 어떤 확장성에 속하는지를 이해할 수 있어야 하기 때문이다.

  롤업과 샤딩은 스펙을 높인 컴퓨터로는 확장성 문제를 해결하지 못하니 다른 방법을 강구한 결과이다. 일단 롤업은 스펙이 낮은 컴퓨터의 과부하를 막기 위해 복잡한 계산과정은 다른 컴퓨터로 진행하고 데이터의 저장만 이더리움 컴퓨터에 하는 방식이다. 롤업 이전의 이더리움 컴퓨터는 트랜잭션의 모든 과정을 전부 해결했어야 했지만 롤업 이후는 트랜잭션을 저장만 하기 때문에 롤업 이전보다 더 많은 트랜잭션을 처리할 수 있다. 샤딩은 노드를 나눠서 여러 개의 컴퓨터를 만드는 방식이다. 이더리움 2.0에는 노드가 현재 200,000개 존재하는데 이 것을 전부 하나의 컴퓨터로 돌아가게 하는 것은 낭비일 수 있다. 따라서 200,000를 32개로 나눠 6250개의 노드가 하나의 컴퓨터를 담당한다면 이더리움 블록체인은 32개의 컴퓨터를 병렬로 돌아가게 할 수 있고 지금보다 32배가 넘는 트랜잭션을 처리할 수 있다. 샤딩처럼 노드들을 사용해 이더리움 블록체인으로 직접 확장성을 해결하는 것을 Layer 1 해결방법이라 한다. 그리고 롤업처럼 이더리움 컴퓨터가 아니라 또 다른 컴퓨터를 사용해 해결하려고 한다면 Layer 2 해결방법이라고 부른다. 결국에는 두 가지 해결방법을 동시에 사용해야 최대한 많은 거래를 수용할 수 있다.

Layer 2 해결방법을 이해하기 위해서는 대법원을 생각해보면 쉽다. 모든 소송은 3심 제도를 채택하고 있다. 1심은 지방법원에서 열리고 2심은 고등법원 그리고 3심은 대법원에서 열린다. 만약 모든 소송이 대법원에서 열리게 된다면 대법원장과 대법관 총 14명이 우리나라의 모든 소송을 처리해야 한다. 이들이 처리할 수 있는 소송의 개수보다 발생되는 소송의 개수가 더 많아질 것이고 소송이 완료되기 위해서는 점점 더 많은 시간이 걸릴 것이다. 현재 이더리움 블록체인 시스템은 대법원만으로 모든 소송을 담당하는 것과 같다. 하나의 블록체인만으로 모든 거래를 담당하기 때문에 안전하지만 과부하가 걸린다. 그래서 플랫폼 블록체인들은 대법원 전에 1심, 2심의 역할을 할 수 있는 또 다른 블록체인을 만들어서 과부하를 해결하려고 한다. 여기서 대법원은 Layer 1을 말하고 지방법원이나 고등법원들은 Layer 2라고 부를 수 있다. 따라서 Layer 2는 Layer 1만큼 안전하지는 않지만 충분히 믿을만하고 하나가 아니라 여러 개가 존재할 수 있으며 Layer 1보다 더 많은 트랜잭션을 처리할 수 있다. 여기서 롤업의 장점은 1심, 2심의 재판을 대법원에 가져갈 수 있는 것처럼 만약 Layer 2에 문제가 생긴다면 Layer 1으로 문제를 가져와 해결할 수 있다는 것이다. 또한 대법원이 없이는 1심, 2심이 의미가 없는 것처럼 안전한 Layer 1이 없다면 Layer 2의 의미도 없다. Layer 1의 안전성을 믿고 수많은 Layer 2 해결방법이 나오고 있으며 그중에는 꽤 쓸만한 해결방법들이 나오고 있다. 여러 지방법원에서 서로 다른 소송을 담당하다가 결국에는 하나의 대법원으로 모여지는 것처럼 여러 개의 Layer 2 블록체인들은 Layer 1을 연결해서 사용된다. Layer 2들은 확장성과 속도를 해결하기 때문에 안정성이 낮은 편인데 이것을 Layer 1에 연결함으로써 Layer 1의 안정성을 빌려 쓸 수 있다. 만에 하나 Layer 2에 해킹 같은 문제가 생긴다면 Layer 2 블록체인을 사용하는 사용자들은 안전하게 Layer 1으로 자산을 가져올 수 있어야 한다. 이것이 해결되면 저마다의 방법으로 확장성을 올리는 블록체인을 롤업으로 만들 수 있게 된다. 사용자는 이더리움 블록체인에 자금을 보관하고 있지만 이곳에서 교환이나 대출 등을 사용하면 수수료를 많이 내야 하기 때문에 Layer 2 블록체인으로 필요한 자금을 옮겨 교환이나 대출 업무를 하고 다시 이더리움 블록체인인 Layer 1으로 가져올 수 있다.

Layer 2 해결방법을 사용하게 되면 Layer 1의 과부하가 많이 줄어든다. 이전에는 트랜잭션 전부를 Layer 1에 저장했지만 Layer 2로 확장성이 조금 해결된다면 Layer 1에는 트랜잭션의 일부분만 저장할 수 있기 때문에 이전보다 몇 백에서 몇 천배의 거래기록을 장부에 담을 수 있다. 물론 몇 백에서 몇 천배의 트랜잭션을 더 담는다고 해도 충분한 확장성이 아니다. 그렇기 때문에 Layer 2로도 확장성을 해결해야 하지만 Layer 1도 확장성을 해결해야 한다. 만약 Layer 2로 확장성이 100배가 늘어났다면 Layer 1의 확장성이 10배만 늘어나도 총확장성은 1000배 (100*10)가 늘어나게 된다. 따라서 Layer 2만큼이나 Layer 1의 확장성 문제도 해결되어야 하는 문제이다. 현재 이더리움 블록체인에서 Layer 1의 확장성 문제를 해결하기 위해서 가장 많이 언급되는 기술은 샤딩이다. 샤딩은 분할해서 저장하는 기술을 말하는데 샤딩의 아이디어를 이해하는 것은 어렵지 않다. 현재 이더리움 2.0에서는 20만 개의 노드가 똑같은 장부를 저장하고 공유하고 있기 때문에 비효율적인데 이것은 만개로 나눠서 20개의 그룹으로 나눈 후 각자의 그룹마다 다른 장부를 저장하고 공유하게 된다면 이전보다 20배는 더 빨라질 수 있다. 여기서 해결해야 하는 문제는 확장성은 20배나 늘어나지만 탈중앙성은 1/20으로 줄어들게 되며 20개의 서로 다른 그룹에 있는 노드들끼리의 자유롭게 통신할 수 없는 것이 문제이다. 따라서 Layer 1으로 확장성을 해결하려는 이더리움 블록체인은 샤딩으로 확장성을 높이면서 안정성도 암호화 기술로 충분히 높이고, 서로 다른 그룹의 노드들끼리도 원활하게 통신할 수 있도록 개발하고 있다.

Layer 2 해결방법이 Layer 1의 해결방법보다 더욱 쉽기 때문에 지금 눈앞에 있는 이더리움 블록체인의 과부하 문제는 Layer 2로 먼저 해결될 가능성이 높다. Layer 2로 확장성을 조금씩 해결하게 된다면 수수료가 점점 낮아지기 때문에 플랫폼 블록체인을 더욱 다양하게 사용하려는 수요가 늘어날 것이다. 그러다가 그 수요가 너무 높아져 Layer2만으로 해결할 수 없을 때는 Layer 1의 해결방법을 기다리는 모양새가 나오지 않을까 예상한다. 결국은 Layer 1과 Layer 2 전부 확장성이 해결되어야 한다.

| Layer 2의 가장 앞선 기술 - 롤업이란? |

롤업은 사실 이미 나와있는 기술이라 해도 과언이 아닐 만큼 진전이 많이 된 기술이다. 롤업에도 여러 가지 종류가 있지만 '옵티미스틱 롤업'을 사용하는 아비트럼 롤업이나 옵티미즘 롤업은 이미 메인 넷이 나왔다. 현재 이더리움에서 거래 앱을 사용하게 되면 약 10만 원 정도의 수수료가 나오는데 롤업을 사용하게 되면 만원 정도가 나오게 된다. 만원도 물론 비싸지만 롤업은 메인 넷 가스값의 영향을 받기 때문이며 현재 기술로는 1/10 정도 줄일 수 있다. 롤업 기술이 더욱 개발된다면 1/100 정도까지 줄일 수 있다. 롤업을 좀 더 쉽게 설명하기 위해서 이미 메인 넷을 출시한 아비트럼 롤업을 예로 들면 이더리움 블록체인 외에 또 다른 블록체인을 사용하는 것과 같다. 하지만 아비트럼 블록체인이 다른 플랫폼 블록체인과 다른 점은 여기서 사용되는 기축통화는 그대로 이더라는 점이며 앱이나 지갑이 전부 이더리움 블록체인과 같다는 점이다.

최근 1-2년간 이더리움 블록체인의 확장성 문제가 대두된 후 수많은 플랫폼 블록체인들의 도전이 이뤄졌다. 이 과정에서 기회를 잡은 플랫폼 블록체인들이 꽤 있지만 생각보다 이더리움 블록체인에 상주하는 자본을 많이 빼오지는 못하였다. 하지만 아비트럼 블록체인은 출시된 지 몇 달도 되지 않았지만 이더리움 블록체인의 많은 자본이 아비트럼으로 옮겨 가고 있으며 앱들의 이주도 많이 이뤄지고 있다. 앱들의 이주가 쉽게 가능한 이유는 아비트럼 블록체인이 이더리움 환경과 거의 같은 블록체인이기 때문이다. 앱들에 필요한 스마트 컨트랙트를 새로운 블록체인에 맞게 다시 만드는 것이 아니라 거의 대부분은 그대로 가져올 수 있기 때문에 앱의 이주가 매우 쉽다. 블록체인에 사용되는 암호화폐 지갑도 같은 지갑에서 네트워크만 변경해서 사용할 수 있기 때문에 사용자 경험면에서 뛰어나다. 현재는 이더리움의 앱을 사용하기 위해서는 업비트나 빗썸 같은 거래소에서 이더를 구매한 후 이더리움 암호화폐 지갑으로 전송해 이더리움 앱들을 사용해 볼 수 있다. 이와 거의 비슷하게 아비트럼의 앱들을 사용하기 위해서는 똑같이 업비트나 빗썸에서 이더를 구매한 후 이더리움 암호화폐 지갑으로 전송 해 아비트럼의 앱을 사용하면 된다. 사용하는 지갑이나 이더는 같지만 앱이 상주하고 있는 블록체인만 다른 것뿐이다.

아비트럼 블록체인이 사용하는 롤업은 사용자 경험이 매우 좋고 안정성으로 이더리움 블록체인을 사용하기 때문에 더욱더 관심이 쏠려있는 기술이다. 이더리움 외의 다른 플랫폼 블록체인들은 이더리움과 독단적으로 돌아가는 또 하나의 네트워크이다. 대부분의 플랫폼 블록체인들은 탈중앙성을 조금 포기하고 속도나 확장성을 높여 이더리움 블록체인의 자본을 가져오려 했지만 아직 이렇다 할 성공사례가 없다. 익숙함의 결과이기도 하겠지만 블록체인에서 탈중앙성을 해치는 방법은 사용자들이 원하지 않는 해결방법인 이유이기도 하다. 하지만 아비트럼 블록체인은 롤업 기술을 사용하기 때문에 이더리움의 안정성을 사용하고 탈중앙성을 해치지 않으면서 속도와 확장성을 높일 수 있었다. 그렇기 때문에 Layer 2 해결방법 중 가장 앞서 나가는 기술이 롤업이기도 하다.

롤업을 다시 한번 더 설명하자면 트랜잭션의 실행은 이더리움 블록체인 바깥에서 진행하고 필요한 트랜잭션의 데이터만 이더리움 블록체인에 저장하는 것을 말한다. 비유적으로 말하면 100개의 책이 들어가는 책장에 책을 전부 빼내고 책의 중요한 정보만 A4용지나 양피지에 적어 저장해놓은 것이라고 이해하면 쉽다. 그렇게 되면 100개의 책 정보보다 훨씬 더 많은 정보를 하나의 책장에 담을 수 있으며 책장에 저장하는 모습이 양피지를 말아서(roll-up) 저장하는 것과 같아 롤업이라는 이름이 사용되었다. 그래서 아비트럼 블록체인 같은 롤업 블록체인은 트랜잭션을 실행하고 거기서 필요한 데이터를 추출 해 다른 트랜잭션들의 추출한 데이터와 함께 압축한다. 즉, 필요한 데이터들만 트랜잭션에서 추출한 후 거기서 또 한 번 압축을 해 사이즈를 매우 줄일 수 있으며 이것을 묶음(Batch)으로 이더리움 블록체인에 저장시킨다. 그렇기 때문에 모든 트랜잭션 데이터를 저장하는 Layer 1 방식과는 다르게 매우 압축된 데이터만 저장할 수 있다. 그렇게 되면 지금보다 약 1000배에서 4000배 더 많은 트랜잭션을 저장할 수 있다. 아비트럼 블록체인은 매 1 - 3 분마다 이 묶음을 이더리움 블록체인에 저장하고 있으며 저장하는 행위가 아비트럼의 블록체인을 안전하게 만드는 요인이 된다. Layer 1인 이더리움 블록체인이 안전하기 때문에 할 수 있는 행위이기도 하다.

롤업 블록체인에서 이더리움 메인 체인에 Batch를 저장할 때 Aggregator들이 도맡아서 저장을 한다. 여기서 Aggregator는 롤업 블록체인의 트랜잭션을 이더리움 블록체인으로 옮기는 역할을 하는 사람을 말한다. 누구나 Aggregator들이 될 수 있으며 이더를 담보하고 Batch를 저장하는 업무를 수행한다. 그리고 일을 잘 수행하면 수수료를 받아간다. 하지만 Aggregator들은 본인들의 이익을 위해 잘못된 정보의 Batch를 저장할 수 있는 가능성이 존재한다. Layer 2 해결방법들은 이런 나쁜 행동을 하는 사용자를 걸러낼 수 있어야 하며 롤업은 몇 가지 방법으로 막을 수 있다. 일단 아비트럼 블록체인은 '옵티미스틱 롤업' 기술을 사용하는데 이름처럼 희망적으로(optimistic) 아무 일 없을 거야라는 접근 방식을 가지고 있다. 모든 Batch는 이더리움 블록체인에 바로바로 저장되기 때문에 아무도 거짓말이나 나쁜 행동을 하지 않는다면 그대로 잘 돌아간다는 것이 장점이다. 만약 어떤 Aggregator가 가짜 Batch를 이더리움 블록체인에 올린다면 누구든지 신고할 수 있다. Batch가 진짜인지 가짜인지는 블록체인 바깥에서 쉽게 계산할 수 있기 때문에 봇을 사용하면 가짜 Batch는 바로바로 발견할 수 있으며 신고할 수 있다. 누군가가 신고를 하게 되면 이 의심스러운 Batch의 트랜잭션들을 재실행하게 되는데 이번에는 이 트랜잭션들을 아비트럼 블록체인에서 실행하는 게 아니라 이더리움 블록체인에서 재실행하게 된다. 따라서 정확한 상태를 시뮬레이션할 수 있어야 하기 때문에 압축시켰던 Batch에는 중요한 정보가 모두 담겨 있어야 한다. 이더리움 블록체인에서 재실행 후 만약 결괏값이 잘못된 것이라면 진짜 트랜잭션을 기준으로 모든 상태를 복구시키며 잘못된 Batch를 올린 Aggregator의 담보한 이더를 차감하거나 없애는 식의 페널티를 주게 된다. 반대로 결괏값이 진짜였다면 신고한 사람의 이더가 차감된다. 신고를 남용해서 스팸 공격을 할 수 있으니 잘못된 신고에도 페널티를 주는 방식이다. 안전한 상태의 Layer 2를 구동하기 위해서 위와 같은 과정이 필요하기 때문에 아비트럼 블록체인은 이더리움 블록체인으로 자본을 옮길 때 1주일이 넘는 시간이 걸린다. 모든 Batch들이 충분히 검증되도록 하는 시간을 주는 것이며 이 시스템이 중요한 이유는 아비트럼 블록체인에 단 한 명의 진실된 사람만 있어도 옵티미스틱 롤업이 잘 돌아갈 수 있기 때문이다.

옵티미스틱 롤업과 비슷한 ZK 롤업도 현재 시장에 존재한다. ZK는 영지식 증명(Zero-Knowledge)과 롤업 기술을 합한 것인데 영지식 증명은 해당 정보를 알려주지 않고도 그 정보를 가지고 있다는 것을 증명하는 방식이다. 따라서 정보를 알려주지 않고 참인지 거짓인지 분별할 수가 있기 때문에 롤업 기술과 잘 결합되었다. ZK롤업 기술을 사용하는 블록체인들은 Relayer들이 Batch를 이더리움 메인 체인에 저장시키는데 여기서 Relayer는 옵티미스틱 롤업의 Aggregator들과 비슷한 역할을 한다. 옵티미스틱 롤업은 1주일이나 시간을 주며 검증하는 과정을 거치지만 ZK롤업은 Relayer가 Batch를 올리는 동시에 영지식 증명을 사용해 Batch가 참인지 거짓인지 판별한다. 참인 Batch만 이더리움 블록체인에 저장시키기 때문에 ZK롤업 기술을 사용하는 블록체인들은 자본을 옮기는데 1주일이 넘는 시간이 걸리지 않는다. 그럼에도 옵티미스틱 롤업만큼 아직 상용화가 되지 않은 이유는 Batch 하는 비용이 더 비싸고 ZK롤업 블록체인으로 앱을 옮기기 위해서는 코드를 많이 바꿔야 하기 때문이다. 옵티미스틱 롤업을 사용하는 아비트럼 블록체인과 옵티미즘 블록체인은 이미 상용화가 되어 사용자들을 계속해서 불러오고 있다. 그와 동시에 ZK롤업은 앞으로 계속해서 개발해 나가 현재의 단점을 많이 복구할 수 있기 때문에 1 - 2년 안에는 옵티미스틱 롤업을 사용하는 블록체인들과 경쟁하게 될 것이다. 이더리움 블록체인을 Layer 1으로 두고 치열한 Layer 2 롤업 경쟁이 이제 시작되었다.

| Layer 1의 기술인 샤딩 그리고 비컨 체인 |

롤업이 성공적으로 개발되고 상용화된다면 수많은 롤업 블록체인들이 경쟁을 하며 이더리움 블록체인에 그들의 트랜잭션들을 저장시킬 것이다. 수많은 트랜잭션이 이더리움 블록체인에 저장될 테지만 롤업이 아무리 트랜잭션의 크기를 줄인다 하더라도 지금보다 1000배 정도의 효율을 가질 것이다. 1000 배면 초당 몇 만개의 트랜잭션을 처리할 수 있으니 사용할 만하다고 볼 수 있지만 충분하다고 볼 순 없다. 즉 블록 안의 트랜잭션의 크기를 줄이는 것과 동시에 블록도 확장성 문제를 해결해야 한다. 샤딩은 블록을 병렬로 늘리는 기술이며 이더리움의 컴퓨터를 몇 개 더 만드는 것과 같다. 현재로썬 32개나 64개 정도를 만들 계획을 가지고 있지만 미래에는 128개까지 늘어날 가능성도 있다. 현재 이더리움 블록체인은 하나의 컴퓨터만 돌아가고 있으니 샤딩 이후에는 지금보다 32배 확장성을 늘릴 수 있으며 롤업의 1000배와 합치게 되면 32000배는 이론적으로 늘릴 수 있다.

이더리움 2.0에서 채굴 또는 보상을 얻기 위해서는 밸리데이터가 되어야 한다. 밸리데이터의 조건은 32 이더가 있어야 하며 32 이더를 스마트 컨트랙트에 예치하고 몇 가지 프로그램을 돌려야 한다. 밸리데이터는 이더리움 1.0에서 채굴자와 비슷한 역할을 하게 되며 블록을 생성하고 검증하는 것으로 보상을 가져간다. PoW(작업 증명)에서는 시간의 단위가 블록단위였다. 채굴자가 논스를 찾게 되면 블록 안에 트랜잭션을 포함시키고 다른 채굴자들에게 공유하는 것이 작업 증명에서 블록을 형성하는 과정이다. 채굴자들은 연산 게임을 통해 블록을 형성하기 때문에 블록과 블록 사이의 시간이 동일하지 않다. 하지만 이더리움 2.0인 PoS(지분 증명)의 시간 단위는 슬롯과 에팍이다. 슬롯은 시간의 가장 작은 단위이며 12초당 1 슬롯이다. 그리고 1 슬롯당 1개의 블록이 형성된다. 그리고 32 슬롯은 1 에팍이기 때문에 384초가 1 에팍의 단위이다. 매 에팍마다 모든 밸리데이터들은 임무가 주어진다. 임무는 크게 두 가지로 나뉘게 되는데 하나는 블록 프로듀서이고 또 다른 하나는 검증자이다. 매 에팍마다 32개의 슬롯이 있기 때문에 총 밸리데이터중 32개의 밸리데이터만 뽑아서 각 슬롯당 밸리데이터를 배치한다. 이들이 블록 프로듀서이며 블록을 만드는 역할을 한다. 현재 이더리움 2.0은 사용이 되지 않는 상태이기 때문에 트랜잭션이 존재하지는 않지만 이더리움 1.0과 2.0이 합쳐지게 되면 블록 프로듀서는 트랜잭션을 블록에 담는 역할도 하게 된다. 블록 프로듀서에 뽑히지 않은 수많은 밸리데이터들은 블록 프로듀서들이 생성한 블록이 정확한지 검증하는 역할을 하게 된다. 이들을 합쳐서 노드 위원회라고도 부른다. 노드위원회도 슬롯마다 배치되는데 2/3의 노드위원회가 이 블록이 정확하다고 승인하게 되면 해당 블록은 검증이 완료되며 노드위원회를 몇 번이나 거치며 안정성을 높여간다. 이렇게 32번의 슬롯의 시간이 지나가면 1 에팍이 종료되고 밸리데이터들은 다시 랜덤하게 각 슬롯에 재배치된다.

에팍마다 밸리데이터들이 어떻게 슬롯에 배치되고 누가 블록 프로듀서인지 노드 위원회인지는 이더리움 2.0의 머리라고 할 수 있는 비컨 블록체인에서 정해진다. 비컨 체인이 하는 일은 크게 두 가지이다. 밸리데이터들의 배치를 랜덤 하게 나누는 것과 상태를 저장하는 것이다. 이더리움 2.0은 추후에 샤딩이라는 업데이트를 하게 되는데 이 때는 서로 다른 64개의 서로 다른 블록체인이 이 비컨 체인과 연결된다. 샤딩 체인들도 비컨 체인처럼 각각의 슬롯과 에팍이 존재하며 비컨 체인과 함께 64개의 샤딩 체인도 동시에 돌아간다. 1 에팍당 비컨 체인의 32 슬롯과 샤딩 체인의 2048 슬롯 (32 슬롯*64 샤딩 체인)이 돌아가며 매 슬롯당 샤딩 체인의 정보는 비컨 체인 슬롯에 저장된다. 정보들이 저장되고 동기화되는 과정을 크로스링크라고 한다. 이렇기 때문에 샤딩을 도입하기 위해서는 비컨 체인이 필수적이기 때문에 현재 이더리움 2.0은 이 비컨 체인의 안정성을 테스트하고 있는 중이다. 2022년에는 이더리움 1.0과 이더리움 2.0의 병합이 예정되어 있기 때문에 비컨 체인의 기능은 점점 고도화되며 샤딩 도입까지 가게 되면 더욱더 중요한 역할을 하게 된다. 비컨 체인에서 밸리데이터를 랜덤하게 나누는 것도 매우 중요한 역할이다. 컴퓨터에서 만드는 랜덤은 보통 유사 랜덤이라고도 부른다. 랜덤을 만드는 식이 존재하기 때문에 패턴을 읽을 수 있기 때문이다. 작업 증명인 PoW는 51%의 채굴자를 해킹해야 해킹을 할 수 있고 PoS의 이더리움 2.0도 밸리데이터의 66% (2/3 노드 위원회)를 가져야 해킹을 할 수 있지만 샤딩의 경우 64개로 나눠지게 되니 64개로 나눠진 샤딩 체인의 66%의 밸리데이터만 해킹을 해도 해킹을 할 수 있게 된다. 물론 여러 차례 노드위원회가 검증하기 때문에 더 많은 밸리데이터를 해킹해야 하지만 샤딩으로 인해 해킹에 필요한 노드 숫자가 줄어든다는 것이 안정성을 해칠 수가 있다. 그렇기 때문에 패턴이 일정한 랜덤이 있다면 적은 수의 밸리데이터를 사용해 해킹할 수 있기 때문에 비컨 체인에서 밸리데이터를 랜덤하게 나누는 것은 패턴이 존재하지 않는 랜덤이어야 한다.

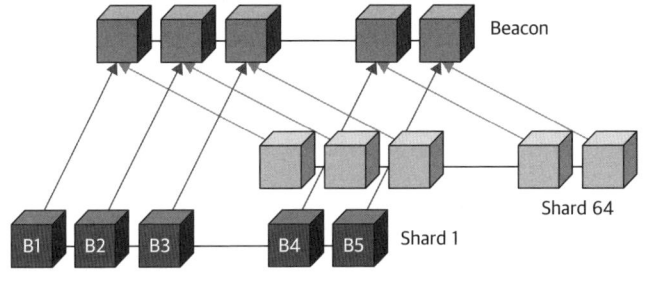
<Beacon Chain and Sharding>

    샤딩에서는 위와 같은 이유로 노드의 숫자가 중요하다. 밸리데이터가 약 만개가 있다고 가정하고 비컨 체인만 존재한다면 6667개의 밸리데이터만 해킹해도 이더리움 2.0을 해킹할 수 있다. 51%가 넘기 때문에 작업증명보다 해킹하기가 어렵지만 샤딩이 도입되면 이 만개의 밸리데이터는 64개의 각자 다른 샤딩 체인으로 나눠지게 된다. 즉 비컨 체인을 제외하고도 각 체인마다 약 156개의 밸리데이터들이 나눠지기 때문에 156의 2/3인 104개의 밸리데이터만 해킹한다면 이더리움 2.0의 하나의 체인을 해킹할 수 있다. 만약 랜덤하게 나눠지는 수를 미리 계산할 수 없더라도 만 개 중에 104개의 밸리데이터가 하나의 샤딩 체인으로 모이게 되면 해킹이 가능하다는 말이다. 그렇기 때문에 이더리움 2.0은 노드를 최대한 만들어낼 수 있도록 설계되었다. 이더리움을 제외한 대부분의 플랫폼 블록체인에서는 코인을 예치해서 해당 코인을 밸리데이터들에게 '위임'하고 보상을 받아간다. 누구나 사용하기 쉽기 때문에 많은 사람들이 코인을 위임하고 보상을 받아가는데 이러한 설계는 적은 자본을 가지고 있는 사람들도 보상을 받아간다는 것에는 긍정적이지만 밸리데이터 또는 노드의 숫자를 현저하게 줄어들게 한다. 이더리움 2.0에서는 이러한 '위임' 기능이 없기 때문에 밸리데이터가 되기 위해서는 32 이더를 예치하고 24

시간 동안 프로그램들을 돌려야 한다. 이렇게 된 결과 이더리움 경쟁자들의 노드 숫자는 현재 기준 3천 개 정도가 가장 많은 수준이지만 이더리움의 노드 숫자는 26만 개가 넘어간다. 이더리움 2.0에서 32 이더를 예치하는 이유는 페널티를 주기 위함이다. 밸리데이터가 온라인이 아닌 경우에 이더리움 네트워크에 손해를 미칠 수 있기 때문에 묶인 32 이더에서 깎이게 되며 해킹을 시도하려 하거나 네트워크에 크게 해를 끼치는 경우 크게 페널티가 주어지고 밸리데이터에서 쫓겨나기도 한다. 따라서 밸리데이터들은 항상 보상만 받는 것이 아니라 페널티로 예치한 이더를 잃을 수도 있다. 그럼에도 불구하고 26만 개의 밸리데이터가 이미 만들어져 있고 밸리데이터의 숫자는 계속해서 늘어가고 있다.

밸리데이터들이 비컨 체인에서 완벽한 랜덤으로 샤딩 체인으로 잘 나뉘지고 거기에 충분한 밸리데이터의 숫자가 있다면 샤딩 체인은 잘 돌아갈 것이다. 현재 이더리움이 돌아가는 이더리움 1.0은 하나의 샤딩으로 들어오는 것이기 때문에 지금보다 64배가 넘는 트랜잭션들을 처리할 수 있다. 물론 샤딩이 마냥 64개의 체인을 나누고 밸리데이터들을 나눈다고 끝나는 것은 아니다. 1개의 체인이 1개의 네트워크를 만드는 것과 달리 이더리움 2.0은 64개의 체인이 1개의 네트워크를 만드는 것이기 때문에 많은 업데이트가 필요하다. 예를 들면 스마트 컨트랙트 같은 문제가 존재한다. 지금은 1개의 체인이 전부이기 때문에 누구나 이 체인에 존재하는 스마트 컨트랙트를 사용할 수 있다. 하지만 이더리움 2.0에 샤딩이 도입되면 64개의 서로 다른 체인을 사용하기 때문에 1번 체인의 스마트 컨트랙트를 2번에서 64번의 체인에서 사용할 수 있는 방법을 만들어야 한다. 하나의 체인에 만들어져 있는 스마트 컨트랙트를 모든 체인에서 사용할 수 있어야 하며 이것은 스마트 컨트랙트뿐만 아니라 트랜잭션들의 업데이트도 이에 해당된다. 따라서 모든 체인이 서로서로 소통을 하도록 만드는 것도 앞으로 남은 샤딩의 주된 업데이트이다.

이 단계까지 가기에는 최소 2023 - 2024년까지는 가야 업데이트가 될 것이라고 생각하기 때문에 샤딩 첫 단계는 단순하게 저장공간을 늘리는 방식으로 개발되어질 것 같다. 롤업은 충분히 트랜잭션을 작은 크기로 만들어 내고 있으니 현재 이 트랜잭션을 담을 블록체인을 64개 만들어서 롤업 + 첫 단계 샤딩으로 단기간의 확장성 문제를 해결하려는 방법이다. 이 단계에서는 체인끼리의 소통은 하지 않으며 단지 저장공간으로만 사용된다. 이 단계는 2022년에서 2023년에는 만들어질 것이기 때문에 롤업으로 인해 수많은 앱들이 광범위하게 사용될 경우 어느 정도의 확장성을 제공해줄 수 있다.

ㅣ 이더리움 블록체인은 어떻게 발전하는가 - EIP와 ERC란? ㅣ

블록체인은 생각해보면 매우 신기한 시장이다. 블록체인은 아직 기반도 완성이 된 상태가 아닌데도 블록체인상의 암호화폐들은 매우 활발하게 거래가 된다. 인터넷으로 치면 TCP/IP 기술이 완성되기도 전에 인터넷 기업이 나온 경우라고도 할 수 있다. 플랫폼 블록체인의 기반이 완성되기 위해서는 십 년도 넘게 걸릴 수도 있을 만큼 워낙 초기단계의 시장이다. 그래서 꾸준하게 새로운 것이 만들어지고 업데이트하는 과정이 만들어지게 되는데 그 시초는 BIP, Bitcoin Improvement Proposal이다. 비트코인의 업데이트를 제안하는 것인데 누구나 업데이트를 제안할 수 있지만 이 새로운 기능이 어떤 역할을 하고 무엇이 필요한지의 글을 작성하고 커뮤니티에 공유해야 한다. 커뮤니티 차원에서 토론이 되고 채굴자의 투표 등으로 합의가 되면 업데이트가 일어난다. 커뮤니티가 다수 동의해야 나온다는 장점이 있지만 토론이나 합의과정이 매우 늦는다는 단점도 가지고 있다. 비트코인 업데이트 제안인 BIP는 제안된 순서대로 숫자가 붙어 나오기 때문에 업데이트 이름만큼이나 숫자로도 많이 불려진다. 2017년에 업데이트된 비트코인의 세그윗 업데이트는 BIP-91이라고도 불린다.

비트코인은 최근 BIP-341인 탭루트 업데이트를 진행했지만 비트코인의 업데이트들은 매우 제한적이기 때문에 사용자들은 바뀌었는지도 모르고 사용할 경우가 많다. 그에 반면에 플랫폼 블록체인의 업데이트들은 많은 업데이트가 필요하고 제한이 많이 없기 때문에 업데이트의 제안 수도 훨씬 많으며 업데이트 후 굉장히 크게 바뀌는 경우도 많다. 이더리움의 경우 플랫폼 블록체인을 선점한 네트워크이기 때문에 업데이트 제안이 가장 활발하며 이더리움의 경우는 EIP(Ethereum Improvement Proposal)라고 부른다. 이더리움의 EIP-1559는 2021년 8월에 실행된 업데이트이며 이더리움 블록체인을 굉장히 크게 바꾼 경우이다. 1559가 붙은 이유는 1559번째의 제안이었기 때문이다. EIP-1559는 다음 주제에서 다루기 때문에 어떤 업데이트인지는 넘어가도록 한다. EIP-1559만큼이나 가장 중요했던 EIP는 20번째 행해졌던 EIP-20이다.

EIP 중에서도 여러 카테고리가 존재하는 데 그중 ERC(Ethereum Request for Comments)라고 부르는 카테고리는 보통 애플리케이션에서 사용될 포맷, 레지스트리, 규격 등을 담당하는 카테고리이다. 그래서 EIP-20은 ERC-20으로 더 유명한데 이더리움 토큰들을 표준화한 업데이트이다. 만약 거래소 앱에서 토큰을 교환하는 스마트 컨트랙트를 만드려는데 스마트 컨트랙트에서 토큰들의 소수점을 읽어야 한다고 가정하자. 토큰들의 규격이 제각각이라면 소수점을 불러올 수 있는 함수가 제각각 일 테고 어떤 토큰들은 소수점을 아예 만들지 않았을 수도 있다. 그렇게 되면 거래소 스마트 컨트랙트를 만드는데 어려움이 있고 코드가 길어지고 난해해지게 되면 해킹에 대한 위험성이 높아진다. 그렇기 때문에 EIP-20에서는 토큰들의 규격을 정해주어서 모든 토큰들이 같은 포맷을 사용하게 해 여러 가지 앱들이 토큰을 쉽게 사용하게 만들 수 있었다. 현재 중앙화 거래소에 상장된 토큰 중 이더리움의 토큰이라면 백이면 백 ERC-20 규격을 따른다고 할 수 있다. 하지만 이더리움이 나온 후 만들어진 업데이트이기 때문에 이더리움의 기본 화폐인 이더는 ERC-20 규격을 따르지 않는다. 따라서 이더리움 블록체인 위에서 돌아가는 탈중앙화 거래소들은 이더를 ERC-20 규격으로 가져오기 위해 WETH라는 토큰을 만들고 이더와 1:1 교환이 언제든지 가능하도록 만들었다. 이더를 스마트 컨트랙트에 보내면 같은 수량의 WETH가 생성되어 받을 수 있으며 반대로 WETH를 보내면 이더를 받을 수 있다. WETH는 ERC-20 규격이기 때문에 거래소 앱에서 이더 대신 사용되고 있다.

ERC 카테고리 중 몇 가지 더 중요한 토큰 규격이 나왔는데 하나는 ERC-721이고 또 다른 하나는 ERC-1238이다. ERC-1238은 전송이 불가능한 토큰이다. 타인에게 넘겨줄 수가 없기 때문에 졸업장이나 자격증, 아니면 배지나 훈장같이 본인 외에는 넘겨줄 수 없는 것을 토큰화 할 수 있다. 만약 자격증처럼 전송이 불가능하면서 어느 시점이 지나면 소멸되는 형태의 토큰이 필요하다면 미래에 새로운 EIP를 통해 만들어질 수도 있다. ERC-721은 ERC-20 만큼이나 핫한 토큰이며 NFT라고도 불린다. 이처럼 이더리움 블록체인을 더 나은 상태로 발전시키기 위한 커뮤니티의 노력과 제안들이 계속되고 있으며 이러한 과정을 통해 현재 가지고 있는 문제는 점점 해결되고 있다. 블록체인의 기반이 완성된다면 얼마나 더 많은 성장이 일어날지 기대가 되는 부분이다.

이더리움의 역사상 가장 큰 업데이트 - EIP-1559

이더리움은 EIP 시스템을 사용해서 2015년부터 지금까지 꾸준하게 업데이트를 해오고 있다. 하지만 사용자가 실질적으로 느끼는 업데이트는 거의 없었다고 해도 무방하다. 하지만 2021년 8월에 진행된 EIP-1559는 수수료에 대한 업데이트이기 때문에 사용자의 입장에서도 많은 부분 달라졌다고 할 수 있다. 그렇기 때문에 이더리움 커뮤니티는 EIP-1559 업데이트 전 기대감이 매우 높았으며 현재 나오는 결과에도 만족하고 있다. EIP-1559가 어떤 업데이트인지 한 문장으로 말하자면 가스값을 더 정확하게 예측할 수 있도록 도와주고 이더리움의 수량을 줄어들게끔 만드는 업데이트이다. EIP-1559가 각광받은 이유는 이더리움을 소각시키기 때문이다.

EIP-1559에서 생각하는 이더리움 시스템의 문제는 두 가지이다. 하나는 이더리움의 공급 문제이다. 비트코인은 공급으로 나오는 정해진 물량이 있고 앞으로 100년 동안 계속해서 줄어든다. 100년 뒤에 이 물량이 전부 소진되게 된다면 채굴자들은 수수료로 보상을 받는다. 따라서 채굴자들이 지금 수준의 보상을 유지하기 위해서는 가격이 계속 상승해야 한다. 지금의 수수료 대비 앞으로 100년 동안은 수수료가 계속해서 높아져야 한다는 뜻이기도 하다. 채굴되는 비트코인은 점점 줄어들어 0으로 수렴하지만 채산성은 계속해서 일정해야 하기 때문이다. 만약 채산성이 내려가게 된다면 채굴의 양도 낮아지고 해시 파워의 네트워크 효과도 낮아지게 된다. 사용자가 지불해야 하는 수수료가 점점 높아진다면 분명 문제가 되지만 비트코인은 금과 같은 지위로 가고 있기 때문에 수수료가 높다 한들 현재는 큰 문제가 없어 보인다. 비트코인은 이제 거래보다는 보관에 더 큰 가치가 있기 때문이다. 앞으로 직접적인 거래는 라이트닝 네트워크 같은 체인 바깥에서의 거래가 활성해질 것이고 체인 안에서는 대규모의 자본만 움직이는 데 사용되는 쪽으로 사용될 것으로 보인다. 하지만 이더리움은 계속해서 더 많은 거래를 발생시켜야 가치가 있는 플랫폼 블록체인이다. 거래뿐만 아니라 예금, 대출, 유동성 제공 같은 디파이 그리고 게임, 소셜, 예술 등 다양한 트랜잭션들을 소화시켜야 하는 블록체인이기 때문에 이러한 플랫폼 블록체인에서 수수료가 높아지는 것은 수많은 트랜잭션을 발생시키는데 제약이 될 수 있다. 그래서 플랫폼 블록체인들은 비트코인처럼 총 생산되는 물량을 제한하면 안 된다. 그렇기 때문에 이더리움은 계속해서 새로운 이더를 생성시켜야 한다. 새로운 이더는 제한이 없이 계속해서 나오기 때문에 무한 채굴되는 코인이라 투자에 적합하지 않다는 평가를 받기도 한다. 이러한 암호화폐가 무슨 가치가 있냐고 반문하는 사람도 있지만 반은 맞고 반은 틀리다. 계속해서 고정된 물량이 생성되는 것이기 때문에 무한정 생성되는 것은 맞지만 총 물량 대비 인플레이션은 계속해서 줄어들게 된다. 따라서 언젠가는 2%의 인플레이션을 목표로 하는 명목화폐들보다 더 적은 인플레이션을 가지도록 설계되었었다. 그럼에도 불구하고 공급이 너무 많이 되는 것은 이더의 가치를 낮추는데 일조하기 때문에 이더리움 네트워크를 사용하는데 제약을 주는 경우도 있다. 공급을 줄여 이더리움 네트워크를 사용하면서도 이더의 가치 상승 같은 혜택이 있다면 계속해서 이더리움 네트워크를 사용하도록 도울 수 있다.

또 다른 이더리움 시스템의 문제는 가스값 예측에 한계가 있다는 점이다. 이더리움 수수료 체계는 경매 시스템과 같다. 먼저 오는 순서대로 트랜잭션을 처리한다면 엄청나게 많은 트랜잭션을 발생시키는 디도스 해킹이 가능할 것이기 때문에 더 비싼 수수료를 먼저 처리해주는 경매 또는 뇌물 시스템이라고도 부를 수 있다. 트랜잭션을 만들어내는 사용자가 더 많은 수수료를 채굴자에게 건네주면 먼저 처리해주는 식인 것이다. EIP-1559전에 메타마스크 같은 이더리움 암호화폐 지갑을 사용하면 가스 한도나 가스 가격이 자동으로 채워져 있었다. 느리게, 보통, 빠르게 같은 속도를 정할 수도 있었으며 직접 가스값을 입력할 수도 있었다. 여기서 가스 가격의 숫자는 예측이다. 예측의 계산은 지갑마다 전부 다르겠지만 보통은 지난 몇 분 동안 사용된 가스값을 평균으로 낸 예측이거나 많이 발전된 경우는 멤풀에서 채굴자들을 기다리는 트랜잭션들을 계산해서 예측한다. 문제는 한순간에 많은 사람들이 작업을 요청하게 된다면 이러한 예측은 전부 틀리다는 데에 있다. 만약 이더의 가격이 급격하게 하락하는 경우 많은 사람들이 이더를 팔려는 트랜잭션이나 이더 대출을 갚으려는 트랜잭션이 쇄도하기 때문에 가스 가격은 갑자기 폭등하게 되고 현재의 예측값은 무용지물이 된다. 사용자의 입장에서 1억이 청산되는 게 확실시되는 경우 몇백만 원의 수수료도 기꺼이 낼 것이기 때문이다. 이들의 입장에서는 최대한 빠르게 처리를 하는 것이 이득이기 때문에 수많은 사람들이 경매에서 비딩을 계속해서 올리는 것과 같다고 할 수 있다. EIP-1559는 이 두 개의 문제를 해결하기 위한 업데이트이다.

업데이트 이후에는 가스 가격은 BASEFEE로 이름이 바뀌며 사용자는 메타마스크 같은 이더리움 지갑에 더 이상 가스 가격을 선택하거나 입력하지 않을 수 있다. 경매 시스템으로 가스 가격이 바뀐 것과 달리 BASEFEE의 값은 이전 블록 상태에 따라서 결정된다. BASEFEE는 블록이 50%의 트랜잭션을 담아내도록 만드는 값으로 수렴한다. 물론 BASEFEE 의 최댓값까지 가게 되면 100%를 담아내기도 한다. EIP-1559 이전의 블록들은 정해진 크기가 있어서 트랜잭션의 양을 꽉꽉 채워서 저장한다. 그렇기 때문에 모든 이더리움 블록은 비슷한 트랜잭션의 양을 허용하지만 EIP-1559 이후의 블록들은 최솟값과 최댓값이 정해져 있고 네트워크의 상황에 따라 블록의 크기가 커졌다가 작아졌다가 하게 된다. 여기서 블록이 담을 수 있는 트랜잭션의 최솟값과 최댓값은 1250만 에서 2500만 가스이다. 만약 1250만 가스를 담을 수 있는 블록에서 트랜잭션이 50%가 넘게 담긴다면 다음 블록들의 크기는 계속해서 커지며 50%만 담아낼 때까지 블록의 크기는 증가한다. 반대로 만약 2500만 가스 리밋을 담을 수 있는 블록에서 트랜잭션이 50% 아래로 채워진다면 블록의 크기는 50%를 맞추는 지점까지 계속해서 낮아진다. 또한 가스 가격인 BASEFEE도 블록의 크기와 함께 커졌다가 작아졌다가 하게 된다. EIP-1559 이후에는 만약 블록이 100%가 전부 사용된다 하더라도 BASEFEE는 한 번에 12.5% 만 상승하기 때문에 사용자들은 어느 정도 예측을 할 수 있다. 채굴자들은 트랜잭션을 블록 안에 담을 때 이 BASEFEE가격 정보도 넣기 때문에 BASEFEE를 이전 블록으로부터 쉽게 계산해낼 수 있게 된다. 즉 EIP-1559 부터는 가스 가격은 더 이상 평균값으로 예측하는 것이 아니다. 자동으로 알 수 있게 되며 한 번에 확확 올라가는 가스 값들을 완화시킬 수 있다. 가스 가격을 입력하지 않아도 되기 때문에 사용자 경험 측면에서도 많은 도움이 된다. 새로운 사용자가 이더리움 지갑을 사용할 시 가스 리밋이나 가스 가격을 이해하지 않아도 되기 때문이다.

이더리움 공급의 문제는 어떻게 해결될까? BASEFEE로 사용된 가스는 더 이상 채굴자에게 돌아가지 않고 소각된다. 따라서 이더리움 블록체인을 사용하는 앱들이 많아져서 이더가 수수료로 많이 사용되면 이더의 총수량은 줄어들게 된다. 만약 생성되는 이더보다 소각되는 이더가 더 많아진다면 오히려 공급량이 줄어들 수도 있게 된다. 비트코인은 명목화폐보다 적은 인플레이션으로 가치저장 수단으로 인정받아 금과 같은 포지션으로 인식되어 가고 있다. 하지만 만약 이더리움이 EIP-1559와 앱의 활성화가 같이 이뤄진다면 인플레이션이 아니라 오히려 공급량이 줄어드는 디플레이션 화폐가 될 수 있다. 그렇게 되면 플랫폼 블록체인의 암호화폐 또한 가치저장 수단으로 급부상할 수 있게 된다. 금이나 비트코인보다 가치저장의 수단에서 더 나은 기능을 하는 것이기 때문에 비트코인의 가치저장 수단과 직접적인 경쟁관계가 될 수도 있다. 거기에 몇 가지 더 부수적인 효과를 가져온다. 하나는 이더리움의 공급이 줄어들기 때문에 이더리움의 가치 상승으로 인해 이더리움 네트워크를 사용한 사용자들에게 간접적으로 이익이 돌아가게 된다. 같은 선상의 플랫폼 블록체인을 고민할 때 당연히 EIP-1559 같은 모델을 사용하는 블록체인을 사용하게 만드는 효과가 있다. 또한 채굴자의 상당한 이득이 지금까지 수수료에서 나왔는데 그 수수료가 EIP-1559 이후로는 소각되게 된다. 채굴자들은 막대한 채굴 비용을 감당하기 위해 주기적으로 이더를 모아서 파는 경향이 있다. 지금까지의 모든 수수료들은 전부 채굴자에게 돌아갔기 때문에 가격의 대한 변동성이 매우 컸고 시장에서 채굴자들의 힘이 강할 수밖에 없었지만 EIP-1559는 채굴자들의 힘과 가격 변동성을 많이 줄일 수 있다.

EIP-1559는 2021년 8월에 잘 업데이트가 되었고 적지 않은 영향을 미치고 있다. BASEFEE는 가스값을 예전보다는 완만하게 상승시키거나 하락시키는 중이며 유명한 NFT 프로젝트가 나와 가스값이 높아지더라도 프로젝트가 종료되면 높아진 가스값이 이전 가스값으로 회귀하는데 도움을 주고 있다. 또한 이더리움의 공급량을 줄이는데도 도움이 되었다. 2021년 11월 기준 소각된 이더의 양은 약 36만 개 이더이며 그동안 생성된 이더의 양은 약 39.8만 개 이더이다. 즉, 이더리움은 11월 기준으로 연간 인플레이션 0.3%를 보여주고 있으며 이는 비트코인의 1.76%와 비교해도 월등하게 낮다. 다음 주제에서 다룰 '이더리움 1.0과 이더리움 2.0의 합병' 이후에는 이더리움은 아마도 생성되는 양보다 소각되는 양이 더 많아지는 화폐가 된다. 사용하면 사용할수록 양이 줄어드는 화폐, 그리고 오늘보다 내일 더 희소성이 높아지는 화폐일 이더리움은 지금 혼돈의 시장에서 더욱더 관심을 불러일으킬 수 있다.

곧 그래픽카드가 싸질 수도 있는 이유

지난 몇 년 동안 그래픽카드의 가격은 계속해서 상승했다. 조립식 컴퓨터가 이미 조립된 컴퓨터보다 더 비싼 시대가 됐을 정도로 현재 그래픽카드의 가격은 너무 비싸졌다. 암호화폐 생태계를 잘 모르는 사람이 많아 비트코인 때문에 그래픽카드가 올랐다고 말하는 사람들이 많지만 사실은 비트코인은 그래픽카드의 가격 상승과 관련이 없다. 비트코인의 채굴 난이도는 너무 높아져서 그래픽카드로 채굴을 할 수 있는 수준이 아니기 때문이다. 현재 비트코인을 채굴하기 위해서는 ASIC이라는 비트코인 채굴 전용 기계를 사야 할 수 있으며 이 기계는 채굴 이외에는 사용할 수 없는 기계이다.

그래픽 카드의 가격 상승을 만든 것은 이더리움 블록체인 때문이다. 이더리움에도 ASIC 이더리움 채굴 전용 기계가 있지만 활성화되지 못한 탓에 많은 이더의 채굴이 그래픽카드로 인해 이뤄진다. 2020-2021년에는 특히나 이더리움의 채굴이 몰리는 시기였다. 비트코인 다음으로 기관들의 투자가 이더리움으로 움직이게 되었고 투자받은 이더리움의 앱들이 활성화가 되기 시작해 사용자들이 많아지고 수수료가 올라가기 시작했다. 사용자들은 이더리움 앱들을 구동하면서 수수료를 지불하는데 이 수수료는 전부 채굴자에게 돌아갔다. (현재는 EIP-1559 이후 이기 때문에 채굴자가 가져가는 수수료는 팁을 제외하고 소각된다.) 이더리움의 수수료는 2017-18년과 비교해서 거진 100배가 오른 상태이기 때문에 채굴자들의 이익이 대폭 늘어났다. 채굴자들은 매일 생성되는 이더로 수익을 얻기도 하지만 수수료로도 이익을 얻는데 2021년 초반에는 수수료로 얻는 수익이 생성되는 이더의 수익에 비해 훨씬 높았다. 그렇기 때문에 집에 놓고 있는 그래픽 카드로 이더리움을 채굴하게 되면 전기세와 그래픽 카드 가격의 본전은 몇 개월만 투자해도 쉽게 벌어갈 수 있었다. 만약 새로운 그래픽 카드로 채굴을 하게 되면 3달만 채굴을 하더라도 본전을 뽑고 그 이후부터는 이익을 내는 구조였기 때문에 전문적으로 채굴을 하는 사람을 비롯해 개인의 경우에도 이더리움을 채굴해 수익을 올릴 수 있었다.

그 결과 그래픽카드의 가격은 엄청나게 올랐고 최근 나온 그래픽 카드들은 구할 수가 없거나 처음 나온 가격 대비 3배 가까이 뛰게 되었다. 새로운 그래픽 카드는 성능이 좋기 때문에 더 많은 이더를 채굴할 수 있었기 때문이다. 그럼에도 그래픽 카드 가격 대비 수익이 아직 잘 나오기 때문에 이 정도 가격에도 구매하는 사람들이 존재한다. 그러다 보니 채굴자는 불로소득 같아 채굴을 하고 싶어 하는 사람들이 많이 늘어난 것 같다. 현재는 EIP-1559의 업데이트가 이뤄졌기 때문에 꽤 많은 수수료가 채굴자에게 가지 않고 소각되게 된다. 그럼에도 불구하고 이더리움의 가격이 많이 높아졌기 때문에 7-8개월 정도면 채굴에 들어간 초기 비용을 벌어갈 수 있다. 하지만 지금 그래픽카드를 구매 해 채굴을 시작하는 것은 좋은 선택이 아니다. 이더리움은 2022년 이더리움 1.0과 이더리움 2.0의 합병을 앞두고 있기 때문이다.

이더리움 1.0과 2.0의 합병은 작업 증명(PoW)에서 지분 증명(PoS)으로의 전환을 알리는 신호탄이다. 더 이상 채굴자는 블록을 형성하고 트랜잭션을 담는 역할을 하지 않으며 밸리데이터들이 그 역할을 한다. 따라서 새로 생성되는 이더의 보상은 채굴자가 아니라 밸리데이터들이 벌어간다. 소각되지 않는 수수료도 밸리데이터에게 돌아간다. 이더리움의 이전 히스토리를 계속해서 유지하기 위해 채굴자가 아예 사라지는 것은 아니겠지만 보상은 현재와 비교해서 거의 없는 수준일 것이기 때문에 이더리움의 채굴자는 거의 사라지게 된다. 현재는 서로 연결되지 않고 따로 돌아가는 이더리움 1.0과 2.0은 2022년 1분기나 2분기쯤에 합쳐질 계획으로 개발 중이며 그렇게 되면 현재의 2개의 체인이 1개의 체인으로 합쳐진다. 이더리움 블록체인의 합병은 몇 가지 이유에서 중요한 업데이트라고 할 수 있다. 첫 번째는 작업 증명의 몰락이다. 비트코인으로 시작된 작업 증명 방식은 암호화폐 시장 초기에는 가장 널리 사용되는 합의 알고리즘이었지만 이제 새로 나오는 블록체인 네트워크 중 작업 증명을 사용하는 경우가 거의 없다. 상위 10위권 암호화폐에서도 비트코인, 이더리움, 도지코인 정도만 현재 작업 증명을 사용하고 있는데 이더리움은 2022년 지분 증명으로 넘어가게 된다. 작업 증명은 비트코인과 잘 맞는 합의구조이기 때문에 비트코인이 건재한 이상 작업 증명 자체가 사라지지는 경우가 없겠지만 블록체인 시장에서 더 이상 대중적으로 사용되지 않을 것이다. 이더리움의 지분 증명 전환은 블록체인의 합의구조가 작업 증명에서 지분 증명으로 넘어가고 있다는 것을 잘 보여주는 것이기도 하다.

두 번째는 플랫폼 블록체인의 가치저장 수단이다. 작업 증명은 지분 증명보다 더 많은 에너지가 필요하다. 랜덤하게 밸리데이터를 배치하는 것과 달리 연산 경쟁을 시키는 것이기 때문에 당연한 이야기기도 하다. 그래서 작업 증명에서는 하루에 생성되는 이더가 많아야 한다. 현재 이더리움은 블록당 2개의 이더를 생성하며 하루에 약 6500개 정도의 블록이 생성된다. 따라서 하루에 약 13000개의 이더가 새로 생성되고 있다.

이더리움이 지금까지 총 발행한 수량은 약 118,000,000개 이기 때문에 연간 약 4%의 인플레이션이 이더리움 블록체인에서 일어난다. 하지만 EIP-1559 업데이트 이후에 이더리움은 소각되기 시작했으며 소각되는 비율은 하루에 약 8000개 정도 되고 있다. EIP-1559를 적용한 인플레이션은 약 1.2% 정도이다. 현재 비트코인의 인플레이션은 약 1.8%이기 때문에 대략적으로 계산한 결과에 따르면 비트코인보다 인플레이션 숫자가 더 낮다. 그렇지만 이더리움 블록체인이 지분 증명으로 넘어가게 되면 차이는 더욱 커지게 된다. 지분 증명에는 많은 에너지가 필요하지 않기 때문에 생성되는 이더의 양을 많이 줄일 수 있다. 얼마나 많은 밸리데이터가 있는지의 기준으로 생성되는 이더가 유연하게 변하며 많은 밸리데이터가 존재하면 더 많은 이더가 생성되고 적은 밸리데이터가 존재하면 적은 이더가 생성된다. 하지만 많은 밸리데이터가 존재한다고 하더라도 생성되는 이더의 양은 작업 증명과 비교하면 매우 적은 수준이다. 밸리데이터가 20만 개 있는 기준으로 예를 들면 새로 생성되는 이더는 하루에 약 1200개 정도이다. 만약 이더리움 블록체인의 합병 이후로도 지금과 같은 이더의 소각이 일어난다면 소각되는 양이 생성되는 양보다 더 많다. 그렇게 될 가능성이 매우 높기 때문에 이더리움의 총수량은 합병 근처에서 가장 높고 계속해서 수량이 줄어드는 디플레이션 화폐가 될 가능성이 높다. 지금까지 비트코인은 가치저장 수단의 목적을 가지고 수많은 플랫폼 블록체인의 코인들은 사용성에 목적을 가진다고 설명해왔지만 플랫폼 블록체인의 코인인 이더가 두 가지 목적을 모두 달성할 수 있는 것을 보여줄 수 있기 때문에 이더리움 커뮤니티는 합병에 매우 기대 중이다. 물론 디플레이션 암호화폐는 처음 시장에 보이는 것이기 때문에 좋은 결과만 가져올 수 있을지는 지켜봐야 할 부분이 많이 있다.

이더리움 블록체인은 합병의 수순을 빠르게 밟기 위해 최소한의 기능만을 가지고 합병할 계획이기 때문에 2022년 2분기 안에는 합병이 될 것이라고 예상한다. 첫 번째 합병에는 밸리데이터들이 이더리움 1.0 클라이언트와 2.0 클라이언트를 전부 사용하는 방식으로 업데이트되며 추후에 업데이트로 이더리움 1.0 클라이언트를 없애고 모든 역할을 이더리움 2.0 클라이언트에서 담당하게 된다. 밸리데이터들이 묶어놓은 32 이더를 뺄 수 있는 인출의 기능도 추후에 생기며 여러 가지 지저분한 것들을 없애는 업데이트도 있을 계획이다. 따라서 합병은 2022년 2분기 안에 되겠지만 남은 2022년 동안에도 합병에 대한 업데이트가 계속해서 이뤄진다고 생각한다. 합병의 업데이트가 마무리된다면 비로소 샤딩을 이더리움 블록체인을 가져오려는 업데이트가 진행될 예정이다. 많은 혁신과 개발 등이 빠르게 이뤄지고 있지만 기술의 개발 속도에는 한계가 있기 때문에 긴 호흡으로 블록체인 시장의 변화를 지켜보는 것이 좋다.

| 플랫폼 블록체인 대중화의 마지막 퍼즐 |

　모든 플랫폼 블록체인은 확장성이라는 문제를 직면하고 있고 확장성을 높이기 위해서 개발 중이지만 확장성 문제는 언젠가는 해결될 문제라고 생각한다. 하이텔 또는 천리안의 시대에 5G 속도를 예상할 수 없었던 것처럼 플랫폼 블록체인의 확장성은 우리의 예상보다 더 빠르게 해결될 것이다. 그때는 플랫폼 블록체인을 사용하는 다양한 앱들이 존재하고 지금보다 훨씬 더 낮은 수수료로 사용할 수 있다. 하지만 확장성이 해결된다고 플랫폼 블록체인은 누구나 사용하는 네트워크가 된다고 말할 수 없다. 처음 진입하는 사용자가 사용하기엔 너무 복잡하기 때문이다. 사용자들이 복잡하다고 느끼는 여러 가지 이유가 있겠지만 크게는 지갑의 문제이다. 브라우저만 있으면 쉽게 인터넷을 사용할 수 있는 것과 달리 플랫폼 블록체인의 앱들을 사용하기 위해서는 본인의 암호화폐 지갑이 있어야 한다. 암호화폐 지갑을 만드는 방법은 브라우저 앱이나 모바일에 암호화폐 지갑 앱을 깔고 지갑 계정을 생성해야 한다. 계정을 생성할 시 프라이빗 키 또는 니모닉 단어가 주어지는데 이것을 매우 안전하게 보관해야 한다. 만약 프라이빗 키나 니모닉 카드가 해킹당하거나 외부에 노출될 시 누구나 프라이빗 키나 니모닉 단어를 사용해서 계정에 접속할 수 있기 때문에 폰에 이미지로 저장하거나 컴퓨터 메모장에 적어놓는 것은 위험하다. 인터넷에서의 해킹은 개인정보가 노출된다는 위험에서 멈추지만 암호화폐 지갑에서의 해킹은 자산을 모두 잃을 수 있다는 점에서 더욱 위험하다. 암호화폐 지갑을 이해해야 하고, 수수료를 체크하면서 사용하고, 동시에 안전하게 보관해야 한다는 점이 사용자가 플랫폼 블록체인을 어렵다고 느끼는 이유 중 하나이다.

1 toe	7 little	13 globe	19 cousin
2 miss	8 wink	14 thank	20 vibrant
3 arrive	9 any	15 clump	21 hockey
4 bonus	10 knee	16 connect	22 wave
5 gallery	11 exhaust	17 second	23 fragile
6 fan	12 below	18 bicycle	24 cricket

<니모닉 단어>

```
Private Key
6JCG34xv2a040op1BfSwPicBNUNCuk9Ht1qWMgWoMJWJpownAAi
```

<Private Key>

 사용자가 어렵게 느끼는 두 번째 이유는 암호화폐 지갑에 암호화폐가 있어야 블록체인 앱을 사용할 수 있기 때문이다. 암호화폐 지갑을 가지고 있다고 하더라도 앱을 사용하는 트랜잭션에 수수료가 필요하기 때문에 지갑에 플랫폼 블록체인의 기축통화가 필요하다. 즉, 이더리움 블록체인의 앱을 사용하는 경우 이더리움용 암호화폐 지갑이 있어야 하며 지갑에 이더를 가지고 있어야 이더리움 블록체인의 앱들을 사용할 수 있다. 지금은 이더를 암호화폐 지갑에 넣기 위해서는 업비트 같은 중앙화 거래소에 가입해 이더를 구매하고 암호화폐 지갑으로 전송해야 한다. 너무 많은 사전단계가 요구되기 때문에 블록체인 앱 시장에 진입하는데 어려움이 있다. 따라서 지갑에 암호화폐를 넣기가 쉬워져야 플랫폼 블록체인을 더 많은 사용자가 사용할 수 있다. 여기서 지갑은 현실 세계에서 블록체인 세상으로 넘어올 때 사용하는 다리 역할을 하고 있기도 하다. 이러한 특수한 포지션 덕에 암호화폐 지갑은 사용자와 플랫폼 블록체인의 연

결을 하는 탈중앙화 앱의 앱스토어가 될 가능성이 높다. 현재 사용자와 암호화폐 시장을 연결하는 것은 업비트 같은 중앙화 거래소들이다. 그렇지만 많은 사용자가 중앙화 거래소를 통해 플랫폼 블록체인을 사용하는 것이 아니라 중앙화 거래소에 예치를 하고 투자의 목적으로만 사용하고 있기 때문에 암호화폐 지갑처럼 앱스토어의 역할은 수행하지 못하고 있다. 그렇기 때문에 결국에는 인터넷의 검색엔진 또는 스마트폰의 앱스토어처럼 암호화폐 지갑이 플랫폼 블록체인의 플랫폼 역할을 하게 되는 쪽으로 결국에는 변화할 것이라고 생각한다.

물론 가는 길은 쉽지 않다고 생각한다. 현재 암호화폐 지갑의 구조 때문인데 암호화폐 지갑은 사용자가 계정을 만들 시 프라이빗 키 또는 니모닉 단어를 주게 된다. 이 프라이빗 키와 니모닉 단어는 암호화폐 지갑 회사에 저장되지 않는다. 만약 암호화폐 지갑 서버가 해킹당하면 사용자들의 지갑도 전부 해킹당하는 것이기 때문에 당연한 구조이긴 하다. 하지만 오롯이 사용자가 프라이빗 키나 니모닉 단어에 대한 책임을 지는 것이기 때문에 사용자가 프라이빗 키 또는 니모닉 단어를 잃어버렸을 시 절대 찾을 수 없다는 것이 단점이다. 이더리움 블록체인의 경우 대부분의 지갑 점유율을 '메타마스크'라는 지갑이 가지고 있다. '메타마스크'같은 암호화폐 지갑에 들어가면 이더와 토큰들이 보이기 때문에 암호화폐 지갑에 암호화폐를 보관하고 있는 것처럼 보이지만 사실 지갑은 블록체인에 존재하는 계정에 접속하는 도구일 뿐이다. 이 도구를 통해서 열쇠로 블록체인의 계정에 접속할 수 있는데 그 열쇠가 바로 프라이빗 키 또는 니모닉 단어들이다. 그렇기 때문에 같은 열쇠로 어떠한 지갑 앱을 사용하더라도 똑같은 계정에 접속할 수 있다. 지갑들은 도구에 불과하기 때문에 열쇠를 잃어버리거나 또는 사용자의 실수가 있을 시 복구를 할 수 있는 능력이 없다. 코인을 잘못 전송하거나 실수로 높은 수수료를 입력하더라도 지갑에는 되돌릴 수 있는 권한이 없기 때문에 그대로 실행된다. 또한 지갑이나 컴퓨터가 해킹당하는 경우 프라이빗 키 또는 니모닉 키를 입력할 때 해커에게 노출될 수 있기 때문에 사용에 매우 유의해야 한다는 단점도 있다.

이러한 이유로 많은 자금을 암호화폐에 투자한 투자자의 경우 메타마스크 같은 브라우저 앱을 사용하지 않고 하드웨어 지갑을 사용한다. 레저나 트레져 같은 하드웨어 지갑은 사용자도 프라이빗 키를 모르기 때문에 안전하다. 트랜잭션을 보낼 때 프라이빗 키를 알고리즘으로 계산해내며 트랜잭션을 보낸 후 프라이빗 키를 하드웨어 지갑에서 지우기 때문에 열쇠의 노출이 없어 안전한 편이다. 안전하지만 단점도 존재한다. 하드웨어 지갑의 문제점은 많은 플랫폼 블록체인 앱들이 지원하지 않는다는 것이다. 브라우저 앱인 메타마스크는 쉽게 업데이트할 수 있지만 하드웨어 지갑의 경우 사용자가 펌웨어 업데이트까지 해야 하기 때문에 앱을 사용할 시 더 많은 에러가 일어난다. 이러한 문제점을 보완하기 위해 메타마스크 같은 경우 하드웨어 지갑 연결을 지원해 이더리움 앱을 사용할 시 하드웨어 지갑 사용자도 메타마스크를 통해서 사용할 수 있다. 한 가지 다른 점은 트랜잭션을 보낼 때 하드웨어 지갑에서 승인을 한번 더 눌러주어야 트랜잭션이 보내진다. 많은 사람들이 사용하는 방식이지만 하드웨어 지갑을 항상 잘 보관해야 된다는 불안감으로 안전한 장소에서만 사용하게 되고 사용할 때마다 USB로 연결해서 사용한다는 점 때문에 사용성이 많이 떨어진다. 또한 메타마스크의 경우 이더리움 블록체인용 지갑이기 때문에 솔라나 플랫폼 블록체인을 사용하기 위해서는 또 다른 지갑을 사용해야 한다는 단점도 있다.

이러한 이유로 암호화폐 지갑이 대중적으로 사용되기 위해서는 몇 가지 요건을 갖추어야 되는 게 아닌가 생각한다. 하드웨어 지갑만큼의 안정성을 갖추면서 메타마스크만큼의 사용성을 갖춰야 한다. 그래야 두 개의 지갑을 사용하는 것이 아니라 하나로 통합해서 사용할 수 있다. 또한 사용자가 실수를 할 시 복구할 수 있어야 하지만 기업 서버의 해킹으로 인해 사용자가 자산을 잃지 않아야 한다. 거기다가 수많은 플랫폼 블록체인을 하나의 지갑으로 사용할 수 있어야 하며 플랫폼 블록체인끼리의 연결도 지갑으로 이뤄질 수 있어야 한다. 이러한 바탕에 사용자는 암호화폐 지갑을 사용해서 수많은 플랫폼 블록체인의 앱들을 사용할 수 있어야 하며 좋은 모바일 사용성과 사용자 경험을 가지고 있어야 한다. 위의 요건들을 충족하기 위해서는 현재처럼 완전히 탈중앙화 된 지갑으로 가능할 수 있을지는 알 수 없다. 물론 완전히 중앙화 된 지갑은 현재의 중앙화 거래소와 다를 바가 없기 때문에 탈중앙화와 중앙화의 중간에서 찾아지지 않을까 생각한다. 블록체인 앱과는 다르게 중앙화 된 요소가 필요하기 때문에 블록체인 시장을 뛰어드려는 기업에게는 블록체인 앱보다는 암호화폐 지갑이 더 좋은 방법이기도 하다. 결국에는 검색 엔진의 구글과 앱스토어의 애플처럼 암호화폐 지갑의 점유율을 가져가는 기업이 구글 또는 애플의 다음 세대가 될 수 있지 않을까 감히 예상해본다. 그런 의미에서 플랫폼 블록체인 시장의 성장성은 믿지만 암호화폐들의 거품이나 변동성이 싫은 투자자들은 암호화폐 지갑에 뛰어들려는 기업을 눈여겨보는 것이 더 현명한 판단일 수 있다.

| 불로소득은 아닌 불로소득같은 스테이킹 |

Proof of Stake (지분 증명)에서 Stake는 자본을 예치하고 이익을 얻어가는 행위를 말한다. 그리고 이 행위를 하는 것을 Stake + ing 해서 스테이킹 한다고 블록체인 시장에서는 부르고 있다. 자본을 예치하고 꾸준히 이익을 받아가기 때문에 스테이킹이라는 이 행위를 불로소득으로 보는 사람들이 있지만 엄밀히 말하자면 불로소득은 아니다. 블록체인 측면에서 보면 스테이킹을 하는 사람들은 블록체인이 24시간 동안 돌아가는데 도움을 주는 무조건 필요한 존재이다. 이더리움 블록체인의 스테이킹을 예로 들어보자. 내가 이더리움 스테이킹을 돌리고 싶다면 32 이더가 있어야 한다. 32 이더는 큰 금액인데 이렇게 많이 필요한 이유는 '내가' 네트워크에 해를 가하지 않을 사람이어야 하기 때문이다. 내가 거짓된 트랜잭션들을 보내면서 이더리움 네트워크에 해를 가할 경우 내가 예치한 32 이더에서 이더가 차감되는 형식으로 페널티가 주어진다. 페널티의 정도는 네트워크에 해를 끼친 정도의 크기에 비례한다. 이더리움 블록체인이 24시간 돌아가야 하기 때문에 32 이더를 내고 스테이킹하는 사람들은 24시간 온라인이어야 한다. 만약 오프라인이면 네트워크에 해를 가한 경우이므로 32 이더에서 차감된다. 하지만 오프라인의 페널티는 해를 끼친 정도가 작기 때문에 하루에 12시간만 넘게 온라인이라면 차감되는 이더보다 벌어들이는 이더가 더 많다. 하지만 거짓된 트랜잭션을 블록에 담거나 블록을 중복으로 생성하는 식의 잘못된 행동을 한다면 네트워크에 큰 해를 끼치게 되므로 많은 이더가 차감되고 스테이킹 자격을 박탈당하게 된다. 만약 32개의 이더가 아니라 1개의 이더가 스테이킹에 필요하다면 이더리움 네트워크에 해를 끼칠 수 있는 밸리데이터를 1개가 아

니라 32개를 만들어 낼 수 있으므로 더 큰 위협이 될 수 있다.

  32개의 이더가 있다면 32 이더를 이더리움 스테이킹 스마트 컨트랙트에 예치한 후 밸리데이터가 될 수 있다. 밸리데이터가 된 후에도 해야 하는 것이 꽤 있다. 이더리움 1.0 클라이언트를 설치해서 이더리움의 최신 블록까지 전부 다운로드 받아야 하고 이더리움 2.0 클라이언트도 설치해서 최신 블록까지 다운로드받아야 한다. 거기다가 밸리데이터 클라이언트도 설치해야 한다. 쉽게 설치가 가능한 것이 아니기 때문에 도스 명령어로 설치해줘야 한다. 개발일을 하고 있는 본인도 처음 설치에는 2-3시간이 걸렸다. 이더리움 2.0에서는 새로운 키를 받기 때문에 안전하게 보관해야 하는 키가 하나 더 생기며 클라이언트를 수시로 업데이트해주어야 한다. 인터넷이나 컴퓨터는 24시간 동안 온라인 상태로 해주어야 하며 컴퓨터가 고장이 날 시 새로운 컴퓨터에 다시 클라이언트를 다 다운로드하고 기다리는 데에도 며칠이 걸리게 된다. 원인 모를 에러가 나오게 되면 컴퓨터 지식을 사용해 찾아보고 커뮤니티에서 물어보고 해결해야 한다. 밸리데이터가 되는데 요구하는 컴퓨터 사양은 높지는 않지만 권장사양은 16GB 램에 2TB SSD 하드디스크이기 때문에 적지 않은 돈이 컴퓨터를 마련하는데도 들어간다. 연간 5%의 수익이 나오는 이더리움 블록체인의 스테이킹이지만 밸리데이터는 위와 같은 행동이 필요하고 예치한 이더가 차감될 수도 있기 때문에 불로소득이라고 할 수는 없다. 하지만 세팅이 끝난 컴퓨터에서 밸리데이터가 하는 일은 사실상 클라이언트의 업데이트만 해주면 되는 것이기 때문에 불로소득과 궤를 같이 한다고 생각한다. 만약 미래에 이더리움의 시가총액이 금만큼 커져서 금의 가격처럼 큰 변동성이 없다고 가정하자. 현재는 5%의 수익이지만 완전히 이더리움 2.0으로 넘어가게 되면 현재의 채굴자처럼 소각되지 않는 수수료는 밸리데이터들에게 나눠지기 때문에 연간 10%의 수익이 넘어갈 수 있다. 이때 이더리움 네트워크에 수많은 앱들이 돌아가고 많은 사용자가 사용한다면 이더리움 네트워크의 밸리데이터는 안정성과 수익성의 측면에서 어떤 투자수단보다 앞설 수 있다고 생각한다. 보통 기본소득 제도는 사회적 인식이 좋지 않은데 위와 같은 스테이킹 제도를 잘 변형하면 잘 사용될 수 있지 않을까 생각한다. 아무튼 이러한 불로소득의 경계에 있는 특성 때문에 이더리움 블록체인의 스테이킹은 성공적으로 돌아가고 있다. 현재 기준 밸리데이터는 260000명 (또는 개)이 며 하나의 밸리데이터는 32 이더를 예치해야 하니 8백만 개의 이더가 예치되어 있는 것이다. 이더의 가격이 5백만 원이라면 40조 원이 예치되어 있는 중인 것이다.

많은 플랫폼 블록체인들이 있지만 이더리움 블록체인만큼의 밸리데이터를 만들지 못하고 있는 이유는 '스테이킹 위임'이 있기 때문이다. '스테이킹 위임'은 간접 스테이킹이라고도 할 수 있다. 솔라나와 카르다노, 폴카닷과 테조스같은 경우가 여기에 속하는데 이더리움 블록체인의 밸리데이터처럼 직접 컴퓨터를 돌려서 하는 직접 스테이킹도 존재하지만 직접 컴퓨터를 돌리지 못한 사람들은 스마트 컨트랙트를 사용해 본인들의 암호화폐를 예치하고 간접 스테이킹으로 참여할 수 있다. 간접 스테이킹 또는 스테이킹 위임된 암호화폐는 직접 스테이킹한 사람한테 위임되고 위임 된 암호화폐로 벌어들인 수익을 수수료를 내고 거두어들인다. 이 시스템의 장점은 컴퓨터 지식이 없는 사람도 스테이킹에 참여할 수 있고 소규모의 자본으로도 스테이킹을 경험해볼 수 있다는 것이지만 단점은 많은 밸리데이터를 만들어 낼 수 없다는 점이다. 카르다노와 솔라나의 기축 암호화폐는 ADA과 SOL인데 ADA과 SOL은 2021년 기준 총물량의 70%에서 80%가 스테이킹에 예치되어 있다. 하지만 이들의 밸리데이터 숫자는 솔라나는 1200개 그리고 카르다노는 3077개이다. 이더리움은 총물량의 7%가 안 되는 이더가 스테이킹에 예치되어 있지만 260000개의 밸리데이터를 만들어냈으니 스테이킹 물량을 효율적으로 사용하고 있다고 할 수 있다. 물론 반대로 컴퓨터 지식이 있어야 참여할 수 있고 소규모의 자본으로 참여할 수 없다는 것이 단점이다. 이에 대한 문제는 여러 사람들이 32 이더를 나눠서 들어가고 퍼센트에 따라 수익을 배분하도록 하는 시스템으로 해결되거나 로켓 풀 같은 탈중앙화 된 앱들을 사용해서 해결되지 않을까 생각한다.

스테이킹은 이더리움이나 솔라나 또는 카르다노 같은 L1, 레이어 원 블록체인에서 많이 쓰이지만 블록체인 위에 올라가 있는 앱에서도 많이 쓰이기도 한다. 스테이킹 시스템은 예치한 사람들의 참여를 높이는 효과도 있지만 시장의 공급을 줄이는 효과도 있기 때문이다. 솔라나와 카르다노같이 총물량의 70 - 80%가 스테이킹에 예치되어 있다면 팔려고 하는 물량이 적어짐에 가격이 쉽게 올라가는 경향이 있다. 따라서 토큰의 가격 구조가 잘 설계되어 있다면 스테이킹은 좋은 수단으로 사용될 수 있다. 스테이킹으로 인해 가격이 쉽게 하락하지 않아 많은 사람들이 스테이킹에 참여하고 참여한 사람들은 투표 같은 행동을 해야 보상을 얻어간다면 탈중앙화 된 조직이 잘 굴러가도록 할 수 있다. 하지만 토큰의 가격 구조가 엉망인 앱들은 스테이킹으로 가격을 방어하면서 프로젝트를 연명하는 수준에 불과하다. 더 이상 토큰의 필요 없다고 느낀다면 모두 스테이킹에 예치된 토큰을 빼고 시장에 내다 팔 것이니 시한폭탄에 불과하다. 또한 개인이나 조직이 다수의 토큰을 보유하고 있다면 스테이킹은 탈중앙성의 의미를 가지지 못한다. 그렇기 때문에 스테이킹은 모든 것을 해결하는 만병통치약이 아니라 적재적소에 사용하면 큰 도움이 되는 약이라고 할 수 있다.

03

이더리움 앱 생태계

03 이더리움 앱 생태계

| 이더리움 블록체인의 실질적인 첫 번째 사용성 - ICO |

이더리움 블록체인은 2015년에 첫 번째 블록을 만들어내면서 지금까지 빠르게 발전하고 있다. 완성단계라고 말할 수 있는 블록체인이 되기까지는 아직도 갈 길이 멀지만 초기의 이더리움 생태계와 비교하면 많은 발전이 일어났다고 할 수 있다. ICO, 거래소, 대출 및 레버리지의 디파이, NFT, 블록체인 게임 등 다양한 생태계와 앱들이 생겨났으며 이미 만들어진 생태계의 모든 것을 한 번에 이해하기에는 너무나 많은 정보이다. 그래서 이번 챕터에서는 사건이 일어난 순서대로 이더리움의 생태계를 이야기한다. 일어난 순서대로 이해를 하다 보면 왜 이런 생태계가 발생했는지, 왜 이런 방향으로 발전했는지를 이해하기가 한층 더 쉽다. 또한 이더리움 외의 플랫폼 블록체인들이 성공을 거두기 위해서는 이와 같은 비슷한 발전이 일어나야 하기 때문에 다른 플랫폼 블록체인들의 미래를 예측하기 위해서는 알고 있으면 좋은 챕터이다.

이더리움의 등장으로 블록체인과 스마트 컨트랙트의 결합이 일어났다. 멈추지 않는 컴퓨터가 탄생함으로써 이것이 어떻게 사용될 것인지가 이더리움 커뮤니티에는 중요한 관심사였다. 많은 사람들이 탈중앙 자율 조직(DAO)으로 이더리움 블록체인의 사용성이 시작될 것이라 예상했지만 DAO 스마트 컨트랙트의 해킹으로 인해 DAO에 대한 관심은 시들해졌다. 그러던 중 2017년대 ICO로 인해 이더리움 블록체인의 사용성이 갑자기 증가했다. ICO는 Initial Coin Offering의 약자로 전통 금융의 공모주 청약(IPO)에서 따 온 개념이다. 기업이 상장하기 전 주식을 살 수 있는 기회를 투자자들에게 청약하는 것처럼 멈추지 않는 컴퓨터를 사용하려는 프로젝트들이 본인들의 개발 비용을 충당하기 위해서 암호화폐를 청약하는 것을 말한다. ICO란 개념은 이더리움이 나오기 전에도 암호화폐 시장에 존재했었다. 이더리움도 ICO를 통해서 자금을 모은 프로젝트이다. 하지만 스마트 컨트랙트에 ICO를 결합하게 된다면 탈중앙적으로 암호화폐를 나눠 줄 수 있기 때문에 ICO를 주최하는 사람들을 신뢰하지 않아도 된다는 장점이 있었다. ICO를 주최하고 자금을 모은 다음 도망갈 수 있기 때문에 스마트 컨트랙트를 사용하는 방식이다.

지금까지 몇 천 개의 ICO 프로젝트들이 나왔으며 ICO 프로젝트 중 85% 이상이 이더리움 블록체인을 사용했다. ICO 프로젝트들은 좋은 비전과 사업 계획을 담은 백서(White Paper)를 공개하고 ICO 스마트 컨트랙트를 만들어 자금을 모으고 토큰을 발행했다. 초기의 ICO 스마트 컨트랙트들은 굉장히 단순했다. 이더리움 블록체인의 기축통화는 이더이기 때문에 대부분은 이더로 자금을 모았는데 사용자가 스마트 컨트랙트 주소로 이더를 전송하면 정해진 비율의 토큰을 스마트 컨트랙트가 사용자의 주소로 보내는 것이다. 예를 들면 1 이더를 스마트 컨트랙트로 보내면 A라는 토큰은 1000개 받는 식이였다. 2 이더를 보내면 2000개를 받게 되니 1A토큰은 1/1000 이더의 가격을 처음부터 가지게 된다. 자금을 모으려는 목표치가 보통 있기 때문에 스마트 컨트랙트에 원하는 만큼의 이더가 들어오게 되면 스마트 컨트랙트는 A라는 토큰을 더 이상 나눠주지 않으며 이더도 더 이상 받지 않게 된다. 만약 유망한 프로젝트가 나와 커뮤니티의 관심이 쏠리게 되면 ICO에 참가하려는 사람들이 늘어나게 되어 많은 사람들이 들어갈 수 없게 되는 경우도 종종 있었다. 그 결과 유망한 ICO가 나오게 되면 먼저 트랜잭션을 보내려는 사람들이 많아져 이더리움 블록체인의 평균 가스 가격이 높아지는 상황도 발생했다. 만약 소수의 사람만 ICO에 참가하게 된 경우 시장에서 거래될 때 ICO 가격보다 더 높은 가격에 팔리게 되고 ICO로 팔린 가격이 최저점이라는 인식을 만들기 때문에 점점 더 많은 ICO와 ICO 참가자들이 나오게 되었다. 한 명마다 들어올 수 있는 상한선을 넣거나 옥션으로 ICO를 진행하는 등 ICO 스마트 컨트랙트에도 다양한 발전이 있었지만 많은 국가의 ICO 금지로 인해 ICO 투기판은 조금 잠잠해졌다. 그럼에도 불구하고 2017-2018년도만큼은 아니지만 계속해서 ICO는 진행되고 있는 중이다. 하지만 이더리움의 높은 수수료로 인해 스마트 컨트랙트를 사용하는 ICO는 많이 없어졌다. 지금은 중앙화 된 앱을 사용해 ICO를 하는 경우가 일반적이다.

   2017-2018년도에 진행한 ICO 중 지금까지 결과를 내고 있는 프로젝트들은 매우 드물다. 투자자들은 과하게 열광했고 시장은 투기판으로 변질되었으며 프로젝트들은 자금을 모으기 너무 쉬웠다. 프로젝트의 입장에서는 자금을 모은 것뿐만 아니라 발행한 토큰의 상당 부분도 프로젝트 팀들이 가지고 있었기 때문에 엄청나게 많은 돈을 벌어갔다. 스타트업들은 모은 자금을 빼고도 토큰의 가격이 올라 갑자기 몇 백억이 넘게

생긴 경우이니 제대로 개발이 될 리가 만무했다. 지금까지도 토큰의 투자를 추천하지 않는 이유도 이와 같다. 이더의 가격에도 그리 좋지 않은 일이었다. 이더의 가격이 200만 원을 넘었다가 10만 원까지 폭락하는 동안 ICO를 진행한 프로젝트들은 개발 비용을 충당하기 위해 보관하고 있는 이더를 시장에 내다 팔았어야 했다. 이들이 보관하고 있는 이더의 양은 많았었기 때문에 이러한 하락에 견인을 했다고 생각한다. 하지만 아이러니하게도 ICO는 이더리움 블록체인 생태계에 큰 수혜를 가져다주었다. ICO로 인해 대부분의 토큰은 이더리움 블록체인에 상주하게 되었고 이것이 거품이든 아니든 꽤 많은 숫자의 토큰들은 가격을 형성하고 있다. 즉, 이더리움 블록체인에 큰 자본이 만들어진 것이다. 이 자본을 통해서 거래 플랫폼이 탄생하고 대출, 레버리지, 선물 같은 금융 앱들이 탄생하는 배경이 되었지만 현재는 ICO의 금지로 인해 이만한 자본이 더 이상 생겨나기가 힘들어졌다. 이더리움 외의 플랫폼 블록체인에서는 디파이의 씨앗이 될 자본들을 이제는 ICO로 만들기가 어렵다는 뜻이다. ICO 금지의 타당성을 떠나 결과론 적으로는 이더리움 외의 플랫폼 블록체인들이 이더리움의 성장을 따라가기가 힘들어졌으며 지금까지의 시도는 번번이 실패했다. 결국 현재의 플랫폼 블록체인의 생태계는 이더리움 블록체인이 중심에 있어 자본의 허브 역할을 하고 있으며 각각의 플랫폼 블록체인들이 저마다의 방식으로 이더리움 블록체인의 자본을 가져오려고 노력하는 그림이 만들어지게 되었다.

| 초기의 탈중앙화 거래소 |

디파이는 크게 두 가지로 시작이 되었다. 하나는 탈중앙화 거래소이고 또 다른 하나는 담보 대출 및 스테이블 토큰이었다. 이번 주제에서는 탈중앙화 거래소에 대해서 이야기한다. 이더리움 블록체인에 토큰들이 만들어지니 이더리움과 토큰 또는 토큰과 토큰들을 거래하려는 수요가 생겼다. 이들을 중앙화 거래소로 전송해 거래할 수도 있지만 이 시절의 중앙화 거래소는 믿을만한 기업이 운영하는 것이 아니었고 거래소 해킹이 한 달에도 몇 번씩 들려오던 시기이기 때문에 블록체인 내에서 암호화폐 거래를 하려는 시도가 이뤄졌다. 초기의 탈중앙화 거래소는 스마트 컨트랙트를 사용해 하나의 주소로 이더나 토큰들을 모두 예치시킨 후 거래했다. 예치된 이더와 토큰들을 사용해서 탈중앙화 거래소 사용자들은 중앙화 거래소처럼 지정가 매매나 시장가 매매를 사용해 암호화폐를 교환할 수 있었다. 원하는 가격에 주문을 해놓고 기다리는 것을 지정가 매매라고 하며 지금 현재 시가에 사는 것은 시장가 매매라고 한다. 지정가 매매와 시장가 매매 등을 하기 위해서는 트랜잭션을 전송해야 했고 트랜잭션이 블록에 담기면, 즉 트랜잭션이 성공적으로 보내지면 이더나 토큰 등을 교환할 수 있었다.

초기의 탈중앙화 거래소는 몇 가지 관점에서 혁신적이었지만 한계도 분명했다. 일단 혁신적인 것은 회원가입과 로그인이 전통적인 방식과는 달랐다는 것이다. 현재 대부분의 인터넷 플랫폼 서비스는 개인정보를 입력하고 회원가입을 한 후 재 방문 시에는 아이디와 비밀번호를 입력 해 서비스를 사용한다. 2000년 대 초반만 하더라도 주민등록번호를 입력해야 회원가입을 할 수 있는 인터넷 서비스가 많았지만 이제는 이메일과 핸드폰 번호 등으로 개인정보 노출을 많이 줄일 수 있었다. 그럼에도 본명, 이메일, 핸드폰 번호, 우편주소 정보들도 꽤 민감한 개인정보들이다. 가입하는 서비스마다 개인정보를 노출시키기 때문에 가입 한 모든 서비스가 사용자의 정보를 안전하게 관리하고 있다고 믿을 수 없으며 심심치 않게 개인정보 해킹 이슈가 들려오곤 한다. 이런 사태가 너무 오랫동안 지나니 많은 사람들은 개인정보 안전불감증에 걸려있으며 본인의 정보가 노출되는 것에 대수롭지 않게 생각한다. 또한 회원가입과 로그인 서비스는 매우 불편하기도 하다. 그렇기 때문에 많은 사람들이 똑같은 아이디와 암호를 많은 서비스에 중복해서 사용하게 되고 이런 경우 하나의 서비스가 해킹을 당하면 다른 모든 사이트가 해킹당하는 문제를 가지고 있다. 만약 인터넷 사이트마다 다른 아이디와 암호를 사용하게 되면 전부 기억을 하기 힘들기 때문에 핸드폰 노트에 적어놓는 경우도 종종 있다. 하지만 적어놓은 노트가 인터넷에 연결되어 있다면 해킹에 노출되어 있다는 문제점도 가지고 있다.

탈중앙화 거래소에서 필요한 정보는 내 지갑의 정보이다. 내 지갑에 충분한 이더와 토큰이 있는지만 알아도 충분하기 때문에 회원가입이 필요가 없다. 따라서 탈중앙화 거래소 앱을 처음 방문하더라도 로그인만으로 앱을 사용할 수 있었으며 로그인은 암호화폐 지갑에서 클릭 한 번으로 이뤄졌다. 지갑을 연결하는 방법은 여러 가지가 있었지만 탈중앙화 거래소는 브라우저에서 돌아가는 웹 애플리케이션이기 때문에 브라우저 앱인 메타마스크를 많은 사용자들이 사용했다. 메타마스크 지갑을 사용하면 클릭 한 번에 앱과 연결을 할 수 있었고 거래소가 내 지갑을 통해 알 수 있는 정보는 내 지갑 주소와 잔고들뿐이었다. 이것도 매우 민감한 정보라 할 수 있지만 지갑의 사용자는 익명이기 때문에 신상에 대한 정보는 노출되지 않는다. 또한 회원가입이 필요 없이 지갑만 앱에 연결하기 때문에 또 다른 탈중앙화 거래소를 사용하더라도 내 메타마스크 지갑만 연결하면 사용할 수 있다는 뜻이기도 했다. 또한 지갑을 연결할 시 프라이빗 키는 노출하지 않아도 되니 사용자의 컴퓨터가 해킹을 당해도 해커가 지갑에 접속하는 방법은 존재하지 않아 해킹에 안전했다.

하나 더 혁신적인 것은 중앙화 거래소에서 서버가 하는 일을 블록체인으로 잘 녹여냈다는 점이다. 중앙화 거래소는 서버를 사용해서 매수 매도주문이 사용자에게 요청되면 호가창에 보여주고 또 다른 사용자가 호가창의 매도 매수 주문을 체결하려 하면 즉각적으로 체결해 준다. 업비트나 바이낸스가 하는 일을 똑같이 할 수는 없었지만 암호화폐의 주문이나 교환은 블록체인의 스마트 컨트랙트를 사용했기 때문에 플랫폼 블록체인을 서버로 사용할 수 있는 가능성을 보여주기도 했다. 초기의 거래소인 이더 델타 같은 경우는 1년 반이 넘는 시간 동안 360만 건이 넘는 매매를 체결했으니 초기의 탈중앙화 거래소치고는 성공적이었다고 볼 수 있다.

하지만 그와 동시에 많은 문제점도 보여주었다. 1초에도 몇십, 몇만의 거래를 담당할 수 있는 중앙화 거래소와 달리 탈중앙화 거래소는 트랜잭션이 블록에 담길 때까지 기다려야 했다. 보통 15초 정도 걸리니 지정가 주문이나 시장가 주문을 실행할 시에도 15초가 걸린다는 뜻이다. 거기다가 가스 가격을 낮게 보냈다면 더 오래 걸리기도 했다. 이더리움이 빠르게 하락하고 있어서 지금 당장 팔고 싶은데 15초가 지나야 팔 수 있었으니 매우 답답했다. 특히 중앙화 거래소를 이미 경험했던 사용자는 사용하기 힘들 정도의 속도였다. 따라서 이때의 탈중앙화 거래소는 사용성이 지금과 조금 달랐다. 중앙화 거래소처럼 토큰을 교환하기 위해서 사용했다기 보단 중앙화 거래소에 아직 상장되지 않은 토큰을 구매하기 위해서 많이 쓰였었다. 상장되지 않는 토큰을 탈중앙화 거래소에서 구매하고 중앙화 거래소에 상장되면 팔려고 하는 투기로 인해 탈중앙화의 거래량이 유지될 수 있었다.

또 다른 문제점은 단일 실패 지점이 존재한다는 것이었다. 탈중앙화 거래소의 장점은 해킹에 노출되는 지점이 없다는 것이 장점이다. 중앙화 거래소도 이때는 하나의 주소에 사용자의 모든 자산을 저장해 놓았기 때문에 그 주소를 해킹하려는 시도가 많이 일어났다. 초기의 탈중앙화 거래소도 모든 자산을 하나의 스마트 컨트랙트를 사용해 저장했었기 때문에 단일 실패 지점이 존재했다. 이더리움 블록체인 자체가 해킹당하는 경우는 없었겠지만 만약 스마트 컨트랙트에 심각한 버그가 있었다면 크게 문제가 됐을 것이다. 속도도 느리고 중앙화 거래소처럼 입금 출금도 존재하면서 컨트랙트의 버그도 걱정해야 하니 사용하는 사람들이 많지 않았고 유동성이 많지 않았다. 여기서 유동성이 많지 않았다는 것은 호가창에 많은 매도 매수 주문이 없어 탈중앙화 거래소를 사용하는 사용자가 원하는 가격에 판매하거나 구매하기 힘들었다는 것을 뜻한다. 이더나 토큰들의 교환이 온전하게 블록체인 안에서 이뤄진다는 것은 의미 있었지만 이더리움 생태계의 입장에선 큰 의미는 아닌 초기의 탈중앙화 거래소였다.

| 탈중앙적인 스테이블 토큰의 탄생 |

이더는 가격 변동성이 크다. 그렇기 때문에 디파이 생태계에서 이더리움을 기준으로 사용하기가 매우 힘들다. 10만 원의 가치를 가지는 이더리움을 빌렸는데 갚으려고 할 때 이더리움의 가치가 100만 원이라면 원금의 10배를 갚아야 하는 불상사가 생긴다. 따라서 가격이 변하지 않는 (Stable) 코인의 수요가 있어왔고 스테이블 코인의 중앙화 된 솔루션이 암호화폐 시장에 먼저 나오게 되었다. USDT라는 이름을 들고 나온 이 코인은 항상 1달러의 가치를 가진다. USDT가 1달러의 가치를 가질 수 있는 이유는 USDT를 발행하는 회사가 1 USDT당 1달러로 바꿔주기 때문이다. 시장에서 USDT의 가치가 1달러보다 적어진다면 USDT를 가지고 있는 사용자는 달러로 교환하려 할 것이고 1달러 가치보다 많아진다면 달러를 USDT로 교환하려고 할 것이다. 이러한 메커니즘으로 USDT는 1달러의 가치를 가질 수 있었다. USDT는 중앙화 거래소들의 발전을 촉진시키는 촉매제가 되었다. 이 시절에는 중앙화 거래소마다 비트코인이나 이더리움 같은 코인의 가격들의 차이가 컸었다. 하나의 거래소에서 비트코인의 상승이 이뤄지면 다른 코인들도 따라서 상승하게 되는데 다른 거래소들은 그만큼의 비트코인과 코인의 상승이 이뤄지지 않았기 때문이다. 이러한 차이를 완화시킬 차익거래가 이뤄지기 위해서는 달러나 원 같은 명목화폐가 거래소끼리 전송되어야 하는데 중앙화 거래소는 서로 다른 국가에 위치해 있어 현금의 이동이 쉽지 않았다.

하지만 암호화폐 형태로 된 USDT는 차익거래를 가능하게 해 많은 거래소들의 가격이 맞춰질 수 있었고 차익거래용 봇들이 들어올 수 있어

더 많은 유동성을 제공할 수 있었다. 거기다가 USDT의 수혜를 더 입을 수 있었던 중앙화 거래소들은 '바이낸스'형 중앙화 거래소였다. 중앙화 거래소는 크게 두 가지로 존재한다. 하나는 수많은 국내 거래소들처럼 원화를 통해 암호화폐들을 교환할 수 있는 거래소들이다. 이러한 거래소들은 코인들의 입출금도 지원하지만 원화의 입출금도 지원한다. 즉, 국내 거래소형 중앙화 거래소들은 암호화폐 시장과 은행을 잇는 역할을 하고 있다. 또 다른 하나는 '바이낸스'같은 중앙화 거래소인데 '바이낸스'는 현재 전 세계에서 거래가 가장 많은 중앙화 거래소이다. 이러한 중앙화 거래소는 명목화폐의 입출금은 지원하지 않고 코인들의 입출금만 지원한다. 그렇기 때문에 이러한 거래소를 사용하기 위해서는 국내 거래소에서 코인을 구매해 '바이낸스'로 전송해야 사용할 수 있다. 명목화폐를 지원하는 거래소들은 사용자가 국가에 의해 나눠지지만 이러한 '바이낸스'형 거래소는 국경에 대한 제약이 없어 더 많은 사용자를 불러일으키고 더 많은 유동성을 가져와 사용자와 유동성간의 선순환이 이뤄지고 있다. 이러한 거래소에는 원화 같은 명목화폐가 없기 때문에 시장 초기에는 대부분의 코인 거래가 비트코인 대비로 이뤄졌지만 USDT가 나오고 나서 '바이낸스'형 거래소들은 스테이블 코인 대비로 코인을 거래할 수 있는 서비스를 제공할 수 있었다. '바이낸스'에서는 달러 대비로 암호화폐들을 사고파는 것 같지만 사실은 달러의 가치를 가지는 USDT대비로 암호화폐를 사고파는 것이다.

USDT의 문제는 USDT로 인해 암호화폐 시장은 큰 발전이 있었지만 USDT를 발행하는 회사 측의 신뢰가 그만큼은 없었다는 것이 문제였다. 중앙화의 큰 문제점은 회사의 가치가 커야 신뢰할 수 있다는 점이다. 현재 USDT의 시가총액은 80조 원이 넘는다. 지금까지 80조 원이 넘는 USDT를 발행했다는 뜻이다. USDT의 총가치가 몇 억 정도면 "그래, USDT가 발행하는 회사가 몇 억 정도는 가지고 있겠지"라고 생각할 수 있지만 USDT의 총가치가 몇 백억, 몇 천억으로 늘어나게 된다면 시장에서는 의심을 하기 시작한다. 만약 "USDT를 발행하는 회사가 달러와 1:1로 교환해주었던 것이 아니라 본인들이 USDT를 마음대로 발행해서 비트코인의 가격을 끌어올렸으면 어떡하지?" 같은 의심이 커질수록 탈중앙식 해결방법에 대한 수요가 늘어났다. 2021년 12월의 USDT의 총가치는 80조가 넘지만 USDT를 발행한 회사는 그만큼의 자본을 가지고 있는지 입증한 적이 없다. USDT에 관한 문제는 다음 챕터에서 좀 더 자세하게 다룬다.

USDT는 중앙화 된 코인이라는 것도 하나의 문제점이었지만 또 다른 하나의 문제점은 이더리움 블록체인을 사용하는 코인이 아니었다는 것도 문제였다. 2020년에는 USDT가 이더리움 블록체인의 토큰으로도 발행되기 시작해서 현재 USDT를 이더리움 블록체인에서 사용할 수 있지만 초기에는 그렇지 않았다. 이더리움 블록체인에서 돌아가는 탈중앙화 거래소에도 중앙화 거래소와 같이 가치가 안정적인 스테이블 토큰의 수요가 있었지만 이더리움에서 만들어진 토큰만 거래할 수 있는 탓에 USDT를 사용할 수 없었다. 그래서 이더리움 블록체인에도 스테이블 코인을 만들려는 노력이 있었고 그 결과 DAI라는 스테이블 토큰이 만들어졌다. DAI 프로젝트는 대출과 스테이블 토큰을 병합한 디파이 프로젝트이며 탈중앙 방식의 해결방법으로 이더리움 블록체인에 스테이블 토큰을 만들어냈다. DAI라는 토큰이 1달러의 가치를 가질 수 있는 이유는 다음과 같다. DAI 프로젝트는 스마트 컨트랙트를 사용해서 대출을 해준다. 사용자가 이더를 스마트 컨트랙트에 넣으면 DAI를 원하는 만큼 생성할 수 있도록 했다. 그리고 언제든지 DAI를 스마트 컨트랙트에 넣으면 원래 넣었던 이더를 돌려받을 수 있다. 쉽게 말해서 이더 담보 대출을 할 수 있었던 것이며 만약 이더의 가격이 내려가 빌린 DAI를 못 갚는다고 판단이 되면 담보된 이더는 자동으로 팔리게 되며 사용자는 더 이상 이더를 찾을 수 없다. 더 이상 이더를 찾을 수 없는 상태가 되면 빌린 DAI는 갚지 않아도 된다. 못 갚는다는 판단은 DAI 프로젝트의 커뮤니티에서 결정하며 처음에는 담보의 150%의 비율을 지정했다. 퍼센트는 투표에 의해 변동되기도 한다. 청산 비율이 150%라고 가정하고 만약 100만 원을 빌렸다면 담보된 이더의 총가치는 적어도 150만 원이어야 하며 그 밑으로 내려가면 담보된 이더는 스마트 컨트랙트에 의해 시장에 팔리게 된다. DAI는 담보된 가치보다 더 많이 빌릴 수 없게 되니 DAI의 메커니즘에는 안정성을 보장받을 수 있었다. 만약 DAI의 가격이 시장에 의해 1달러보다 더 낮은 가치를 가지게 되면 이미 DAI를 빌린 사람들은 시장에서 싸게 DAI를 구매해 담보된 이더를 되찾을 수 있기 때문에 DAI를 구매하려는 수요가 존재했고 만약 DAI의 가격이 시장에 의해 1달러보다 더 높은 가치를 가지게 되면 이더를 담보에 넣고 DAI를 생성하는 사람들이 많아져 DAI의 공급으로 1달러를 조절할 수 있었다.

DAI의 메커니즘은 몇 년이 지난 2021년도 1달러의 가치를 가지고 있으며 중간중간 흔들리는 과정이 있지만 몇 일안에 다시 1달러로 안정화된다. DAI의 담보 대출 서비스를 사용하는 사람이 많기 때문에 이런 메커니즘을 안정적으로 가져갈 수 있었다고 할 수 있는데 DAI 담보 대출 서비스의 수요가 있었던 이유는 레버리지 트레이딩을 할 수 있었기 때문이었다. 사용자들은 현실 세계에서 급전이 필요한데 이더를 팔기 싫을 때 DAI의 담보 대출 서비스를 사용하기도 했다. 이더를 담보하고 DAI를 생성해 거래소에서 원화로 바꾼 후 현실 세계에서 사용하고 나중에 다시 원화를 DAI로 바꿔서 이더를 돌려받을 수 있었다. 하지만 더 많은 사람들이 이 서비스를 사용한 이유는 이더를 더 구매하기 위함이었다. 10개의 이더를 가지고 있는데 10개의 이더를 담보하고 DAI를 대출받아 5개의 이더를 더 구매하면 15개의 이더에 투자한 것과 같은 효과를 볼 수 있었기 때문이다. DAI 담보 대출 서비스의 성공적인 메커니즘은 레버리지 투자의 수요를 충분히 보여주었고 이더리움 블록체인에는 어떤 시장이 필요한 지 알려주는 척도가 되었지만 투자자들에게는 큰 시련도 주었다. 이더리움의 가격이 2백만 원이 넘다가 10만 원까지 하락한 시기에는 DAI 담보 대출 서비스에 담보된 이더들이 엄청나게 청산되는 시기였다. 청산된 이더는 가격을 떨어뜨리고 떨어진 가격은 또 더 많은 이더를 청산시키는 악순환에 빠지기도 했다. 레버리지 투자는 위험하며 특히 암호화폐 시장의 레버리지 투자는 더더욱 위험하다. 레버리지의 수요는 막을 수 없으니 조금 더 안전하게 담보 대출 서비스를 제공하는 방법도 이때 많이 고민되었다고 생각한다.

| 탈중앙화 거래소의 춘추전국시대 |

초기의 탈중앙화 거래소가 나와 거래소의 미래를 보여주었고 DAI라는 스테이블 토큰까지 만들어지면서 새로운 탈중앙화 거래소가 나올 수 있는 기반이 만들어졌다. 거기다가 이더리움 블록체인에 ICO붐까지 겹치면서 자본이 만들어지게 되었고 탈중앙화 거래소 프로젝트들도 쉽게 자금을 모와 스타트업을 꾸려나갈 수 있었다. 이 과정에서 의미 있는 기술을 제공하는 탈중앙화 거래소들이 생겨났다. 이 중 제로엑스, 카이버, 뱅코르 등 세 가지 정도의 탈중앙화 거래소들이 가장 눈에 띄고 많이 사용됐었는데 각자 다른 방식을 가지고 있던 게 흥미로웠다. 초기의 탈중앙화 거래소가 가지고 있는 가장 큰 문제는 유동성 문제였다. 사용하는 것이 쉽지 않은 것은 나중의 문제였고 암호화폐 시장에 들어와 있는 대부분의 사람들은 중앙화 거래소를 사용하고 있었기 때문에 유동성을 중앙화 거래소에서 탈중앙화 거래소로 가져오는 것이 힘들었다. 제로엑스, 카이버, 뱅코르들은 저마다의 방식으로 탈중앙화 거래소에 유동성을 만들어내려고 노력했으며 이들의 방식은 성공하진 못했지만 추후에 생겨나는 탈중앙화 거래소들에게 많은 도움을 주었다고 생각한다.

제로엑스 프로젝트는 이더리움 블록체인 위에 프로토콜을 만드려고 노력했다. 제로엑스 프로젝트는 직접 탈중앙화 거래소가 되기보다는 많은 탈중앙화 거래소들이 제로엑스의 기술을 사용하는 방법을 제공한 것이다. 프로토콜을 제공함으로써 제로엑스 프로토콜을 사용하는 탈중앙화 거래소들은 유동성을 서로 공유할 수 있었다. 프로토콜은 데이터를 교환하는데 어떤 방식으로 교환할 것인지 규칙을 정하는 것을 말하는데 프로토콜 위에 또 다른 프로토콜이 만들어질 수 있다. 인터넷에서 TCP/IP 프로토콜 위에 HTTP 프로토콜이 올라간 것처럼 이더리움 프로토콜 위에 제로엑스 프로토콜을 만들려는 시도였다. 즉, 제로엑스는 단 하나의 탈중앙화 거래소를 만드려고 한 것이 아니라 여러 개의 탈중앙화 거래소들이 제로엑스 프로젝트 기술을 사용하게 하고 서로의 유동성을 탈중앙화 거래소들이 서로 공유할 수 있도록 만들었다.

탈중앙화 거래소에서 매수, 매도 주문을 걸기 위해서는 트랜잭션을 보내서 요청해야 하고 블록에 해당 트랜잭션이 담기기까지 기다려야 하기 때문에 사용자는 그 시간을 기다리기보단 사용하지 않으려 했다. 때때로는 오류가 난 것이라고 판단하기도 했었다. 따라서 제로엑스팀은 프로토콜과 함께 오프 체인 오더북이란 솔루션을 들고 나와 위의 문제를 해결하려 했다. 매수, 매도 주문이 담겨있는 창을 오더북이라고 한다. 매수, 매도 주문을 거는 것은 아직 교환을 하는 것은 아니기 때문에 비싼 트랜잭션으로 남길 필요가 없다. 따라서 제로엑스는 사용자가 매수, 매도 주문을 걸 때는 트랜잭션을 전송하지 않고 특정 가격에 팔겠다는 사인만 하도록 했다. 그리고 내 매수, 매도 주문을 사려는 사람이 나타나면 그 사람은 나의 매수, 매도 주문과 본인의 토큰으로 교환한다. 나의 매수, 매도 주문은 암호화폐 지갑으로 사인되었기 때문에 주문의 변경이나 취소는 '나'만 가능하다. 내 암호화폐 지갑이 해킹당하지 않은 이상 나 이외에 아무도 매수, 매도 주문을 변경할 수 없기 때문에 안전하다. 심지어 매수, 매도 주문을 올린 당사자인 본인도 트랜잭션을 보내야 주문을 변경하거나 없앨 수 있다. 또한 매수, 매도 주문을 체결할 시 다른 사람의 트랜잭션으로 나의 토큰이 교환되는 것이기 때문에 토큰마다 이러한 체결이 있을 시 승인한다는 트랜잭션도 보내주어야 한다. 처음 거래 시 한 번만 해도 되는 트랜잭션이며 이렇게 토큰 거래를 승인하는 방법은 아직도 여러 탈중앙화 거래소에서 사용되는 방법이다.

카이버 프로젝트는 리저브 풀을 사용했다. 즉 제로엑스와는 달리 사용자끼리의 교환이 아니라 사용자는 유동성을 공급하는 사람들과의 교환이었다. 많은 토큰을 가지고 있는 유동성 공급자는 리저브 풀에 유동성을 제공하고 사용자는 리저브 풀에 제공되어 있는 유동성을 사용해 필요한 토큰들의 교환을 할 수 있었다. 유동성 공급자는 사용자가 교환을 할수록 수수료를 얻을 수 있었기 때문에 더 많은 토큰을 제공하려고 했고 그로 인해 더 많은 유동성 공급자를 불러일으킬 수 있었다. 또한 카이버는 지정가 주문, 시장가 주문같이 어려운 인터페이스를 전부 없애고 교환 기능만 남겨 놓아 사람들이 쉽게 사용할 수 있었다. 이 방식의 좋은 점은 유동성을 사용자에게 의지하지 않아도 된다는 점이었다.

뱅코르는 자체 BNT토큰을 사용해서 유동성 문제를 해결했다. 각각의 토큰들과 BNT를 스마트 컨트랙트에 넣어놓고 남아있는 비율에 따라 교환해준다. 만약 A라는 토큰과 BNT토큰이 100개씩 스마트 컨트랙트에 있다고 가정하면 교환 비율이 1:1이기 때문에 A와 BNT토큰을 1:1로 교환할 수 있지만 만약 A라는 토큰을 구매한 사람들이 많아져 해당 스마트 컨트랙트에 A라는 토큰은 50개가 남고 BNT토큰은 200개가 남았다면 1:4 비율로 교환된다. 뱅코르의 장점은 카이버와 비슷하게 유동성이 없어도 거래가 가능하다는 것이다. 거기다가 사용자가 사려는 토큰을 파는 사람이 없더라도 누군가 토큰과 BNT로 새로운 풀을 만든다면 사용자는 이 두 개의 교환이 가능했기 때문에 비인기 종목의 토큰의 유동성도 가져올 수 있었다.

이들의 프로젝트들은 현재도 존재하고 프로젝트의 방향이 많이 변했지만 2017 - 2018년에는 위와 같은 방식들을 가지고 유동성을 가지고 오려고 노력했다. 하지만 어느 방식도 탈중앙화 거래소의 잠재력을 폭발시키지는 못했고 여전히 중앙화 거래소들의 유동성과 거래량에 비교하면 미비했다. 입출금을 하지 않고 지갑에서 바로 거래를 할 수 있고 하나의 스마트 컨트랙트에 모든 자금이 모여있지 않아도 거래를 할 수 있는 등 많은 발전을 일어냈지만 많은 사람들이 사용하기에는 무언가 부족했다. 가장 크게는 유동성이 부족했다. 하지만 잠재력이 없는 것은 아니었다. 중앙화 거래소에 유통되는 이더나 토큰의 숫자보다 지갑에 보관되어 있는 숫자가 훨씬 많았기 때문에 이들의 자금을 어떻게 유동성으로 끌어들일 수 있는지의 고민이 더 필요했다. 또한 중앙화 거래소끼리는 서로의 유동성이 공유가 되지 않지만 이더리움 블록체인들의 탈중앙화 거래소들은 같은 이더리움 프로토콜을 사용하기 때문에 탈중앙화 거래소끼리의 유동성은 공유가 된다고 할 수 있다. 이 시절의 탈중앙화 프로젝트들이 간과한 것은 지갑에 토큰들을 보관하고 있던 투자자들의 성향이었다. 투자자들이 중앙화 거래소에 암호화폐를 보관하고 있다는 것은 언제든지 팔려는 동기가 있다는 것을 뜻한다. 그렇지 않으면 해킹이 날 수 있는 중앙화 거래소에 많은 자금을 맡기지 않았기 때문이다. 하지만 투자자들이 지갑에 보관하고 있다는 것은 당분간 팔 계획이 없다는 것을 말한다. 이들은 본인들의 토큰을 팔 계획이 없기 때문에 아무리 탈중앙화 거래소로 데려온다 하더라도 이들의 토큰이 유동성이 되지 않는다. 팔 계획이 생긴다면 유동성이 더 많이 있는 중앙화 거래소로 옮겨서 팔 것이다. 2021년 1분기 기준 약 33%의 이더리움은 1년간 움직이지 않았다. 즉, 33%의 이더리움의 물량은 팔기 위해 거래소에 보내는 등의 움직임이 1년간 전혀 없었다는 뜻이다. 이더리움이 상승할 것이라는 생각으로 지갑에 보관하는 사람들이 33%가 넘기 때문에 이런 성향의 투자자들로부터 유동성을 제공하게 만들기 위해서는 전통적인 방법으로 해결하는 것이 불가능했다.

| 플랫폼 블록체인에 딱 맞는 거래소의 출시 |

탈중앙화 거래소의 잠재력을 폭발시키고 유동성 문제를 해결해 디파이의 패러다임을 바꾼 것은 2018년에 나온 유니스왑이었다. 유니스왑은 AMM(Automated Market Maker)이라는 시스템을 들고 나왔고 이 시스템은 대부분의 탈중앙화 거래소에서 지금까지도 사용되고 있으며 이더리움 블록체인에서 많은 트랜잭션이 유니스왑 앱에서 나오게 만든 이유이다. 이 책을 쓸 수 있었던 이유도 유니스왑 덕분이다. 2017-2018년도만 하더라도 플랫폼 블록체인의 미래는 밝아 보였지만 '플랫폼 블록체인을 어떻게 사용해야 하는지'에 대한 답변을 할 수가 없었다. 그때마다 이더리움의 속도가 느리고 이더리움의 개발이 덜 되어서라는 아직 사용할 수준이 아닌 것 같다는 변명으로 대답했었지만 사용되지 않는 플랫폼 블록체인의 미래가 어떻게 펼쳐질지 예상하는 것은 힘들었다.

하지만 이더리움의 개발이나 확장성의 개선 없이도 이더리움 블록체인에는 유니스왑이라는 앱이 나오게 되었고 이더리움을 사용하는 사람들이 가장 많이 사용하는 앱 중 하나이다. 2021년 유니스왑의 거래량은 미국 최대 거래소인 코인베이스의 30%가량을 육박하기도 하며 가끔씩은 더 많이 거래량을 내기도 했다. 유니스왑은 탈중앙화 거래소이며 이더리움 블록체인의 앱이다. 유니스왑 거래 플랫폼을 만들고 개발을 하는 사람들이 존재하지만 이들은 앱에서 벌어들이는 수익을 가져가지 않는다. 탈중앙화 된 앱이기 때문에 사용자들이 수익을 가져가고 사용자들이 사용하면서 하루에 천억 원이 넘는 거래량을 만들어내고 있다. 유니스왑은 두 그룹 사이에서 작동한다. 하나는 유동성 제공자이며 또 다른 하나는 사용자이다. 사용자는 유니스왑을 사용해서 두 개의 토큰을 거래한다. 일반 코인 거래소들과 기능면에서 차이가 많이 없다. 사용자들이 거래를 하면 0.3% 정도의 정해진 수수료와 이더리움 블록체인에 가스비를 내고 트랜잭션을 전송해 두 개의 토큰을 교환받는다. 이들이 교환하는 토큰의 유동성은 유동성 제공자들이 제공한 토큰들이다. 유동성 제공자들은 두 개의 토큰을 유동성 풀에 제공하고 이 두 개의 토큰은 스마트 컨트랙트에 묶이게 되며 사용자들이 유니스왑에서 토큰을 교환할 때 이 유동성 풀의 유동성을 사용해서 교환한다. 유동성을 제공한 대신 사용자들이 지불한 0.3%의 수수료는 이 유동성 제공자들에게 돌아간다. 따라서 유동성 제공자들은 두 개의 토큰을 맡기기만 하더라도 수수료를 계속해서 받아갈 수 있기 때문에 많은 수의 유동성 제공자들이 모였고 그 결과 유니스왑은 충분한 토큰을 유동성으로 제공하기 때문에 더 많은 사용자를 불러일으켰다.

즉, 유니스왑이 성공한 이유는 유동성을 제공하는 방식인 AMM 때문인데 뱅코르 프로젝트에서 사용했던 방식과 매우 비슷하다. AMM을 설명하면 다음과 같다. 두 개의 토큰으로 짝을 지어서 스마트 컨트랙트에 넣고 이 물량을 거래에 사용하도록 하는 시스템이다. 이 스마트 컨트랙트는 유동성 풀이라고도 부른다. 암호화폐 지갑에 암호화폐를 보관하는 투자자들은 장기투자를 하는 경우가 많다. 따라서 탈중앙화 거래소에서 유동성으로 사용되도록 하기가 매우 힘든데 유니스왑의 유동성 풀은 누군가 거래할 때마다 0.3%의 수수료를 유동성 풀에 토큰을 넣어놓은 유동성 제공자에게 나눠준다. 풀의 크기가 작으면 작을수록 얻을 수 있는 수수료의 파이는 높아지기 때문에 제공자들은 남들의 눈치 볼 것 없이 거래가 생길 것 같다면 유동성 풀을 만들어 토큰을 제공한다. 충분한 유동성이 제공된다면 중앙화 거래소에서 사고팔 수 있는 비율과 거의 비슷하기 때문에 사용자도 몰리게 되며 얻는 수수료도 늘어난다. 유동성 풀의 규모와 사용자가 선순환하기 때문에 유동성 제공자들은 굳이 자산을 뺄 필요가 없이 계속해서 넣어놓기만 하면 된다. 예를 들면 다음과 같다. 이더리움 블록체인에서 가장 수요가 많은 거래는 이더와 USDC의 거래이다. USDC는 항상 1달러의 가치를 가지는 1달러 스테이블 토큰이다. 만약 ETH와 USDC의 풀이 없다면 누구나 ETH와 USDC의 유동성 풀을 만들고 본인의 토큰을 유동성으로 제공할 수 있다. 만들어진 ETH와 USDC의 유동성 풀에는 누구나 ETH와 USDC를 가지고 있다면 유동성 풀에 자본을 제공할 수 있다. 두 토큰의 유동성이 제공된 상태에서 이제는 누구든지 유니스왑 앱을 사용해서 ETH를 USDC에 팔 수 있고 USDC로 ETH를 구매할 수 있다. 거래할 시 0.3%의 수수료를 지불하는데 이 수수료는 유동성을 제공한 사람들에게 분배된다. 따라서 ETH도 가지고 있고 USDC도 가지고 있는 투자자라면 지갑에 그대로 보관하는 것보다 유동성 풀에 유동성을 제공하는 것이 훨씬 이득이다. 거기다가 한 번만 제공하면 유동성을 다시 반환할 때까지 계속해서 수수료를 받을 수 있기 때문에 이더리움의 가격이 오르는 것만으로 수익을 얻을 뿐 아니라 수수료로도 수익을 얻는 효과가 생긴다. 물론 Impermanent loss라는 문제가 존재하긴 한다. Impermanent loss란 비율의 차이로 손실을 입게 되는 경우를 말한다. 유동성 제공자가 되면 수수료를 얻지만 유동성 풀의 자산이 가치가 항상 유지되는 것은 아니다. 만약 시장에서 ETH가 1000달러인 경우 ETH와 USDC의 유동성 풀에는 1:1000개 대비로 존재하게 된다. 만약 시장에서 ETH가 2000달러로 오르게 되는 경우 많은 사용자들은 유니스왑의 유동성 풀은 ETH가 시장에 비해서 싸기 때문에 USDC를 주고 ETH를 구매하려 할 것이다. 그렇게 되면 유동성 풀은 사용자들에 의해 1:2000개 대비로 맞춰지게 된다. 이 경우 이더의 가격이 올랐지만 유동성 풀에 남아있는 ETH는 적어지고 USDC가 늘어났기 때문에 유동성 풀에 유동성을 제공한 사람들은 제공한 ETH는 적어지고 USDC는 많아지게 된다. 이런 경우 유동성 제공자는 약간의 손실을 얻으며 이것을 Impermanent loss라고 부른다. 만약 이더 가격이 하락해 다시 비율이 같아지면 손실은 없어지게 된다.

유니스왑의 전략은 유효했다. 수수료는 약 0.3%인데 2021년 11월 기준 유니스왑에서는 매일 약 1~2조 원의 거래가 꾸준하게 일어나고 있으며 유동성 풀에는 3조 원이 넘는 토큰들이 들어가 있다. 1조 원의 0.3%인 30억 넘는 금액이 매일 유동성을 제공하는 사람들한테 나눠지고 있으니 3조 원의 유동성 풀 기준으로 연간 약 36%의 수익을 얻어갈 수 있는 것이다. 이 정도의 수익을 얻어갈 수 있게 되니 지갑에 보관하고 있는 장기 투자자들을 유동성 풀로 불러오는 게 가능했다. Impermanent loss가 존재한다 하더라도 충분히 손실을 만회할 수 있는 수익이기도 하다. 많은 수익은 더 많은 유동성을 풀에 가져오고 유동성 풀에 충분한 유동성이 있으니 사용자가 큰 금액을 거래하더라도 가격의 변화가 많이 없어 유니스왑을 더 많이 사용하게 되었다. 굳이 중앙화 거래소에 자금을 넘기고 기다리는 복잡한 과정을 하지 않아도 몇 번의 클릭으로 원하는 토큰의 교환이 가능하며 비율은 비슷하거나 오히려 더 좋은 경우도 많다. ETH와 USDC 같은 유동성 풀은 현재 200개 가까이 존재하기 때문에 충분한 유동성과 거래를 지원한다. 만약 A토큰과 B토큰을 거래하고 싶은데 A와 B

토큰의 유동성 풀이 존재하지 않는다면 ETH와 A, ETH와 B 등 두 개의 유동성 풀을 사용해 A -> ETH -> B의 교환을 하면 된다. 이 경우에는 이더리움 컴퓨터의 자원을 좀 더 써야 하기 때문에 가스비가 더 비싸지만 하나의 거래로 A와 B의 교환이 가능하기 때문에 두 개의 트랜잭션을 사용하는 것보다 훨씬 싸다.

잘 나가던 유니스왑은 한 단계 업그레이드된 앱을 V3란 이름으로 2021년 5월에 내놓았다. 조금 더 복잡해지긴 했지만 유동성을 제공하는 사람의 입장에서는 더 전략적으로 사용해 더 많은 수익을 낼 수 있으며 앱을 사용하는 사람은 더 좋은 유동성을 공급받을 수 있기 때문에 더 좋은 가격에 사고팔 수 있게 되었다. 유니스왑 V3는 V2보다 유동성을 더 잘 사용할 수 있다는 점에서 더 성공적인 모델이다. V2와 달리 V3는 범위를 설정해야 한다. 만약 이더와 달러의 유동성을 제공한다고 가정하고 현재의 이더 가격이 1000 달러라고 가정하자. V2에서는 1 이더의 유동성을 제공하기 위해서는 1 이더와 1000 달러만 제공하는 게 전부였지만 V3에서는 500달러에서 1500달러 같이 이더 가격의 범위도 함께 제공해야 한다. V2와 V3의 다른 점은 V3에서는 유동성이 집중화되었다는 것이다. V2에서 1 이더와 1000 달러가 유동성 제공에 쓰이게 되면 범위는 0달러에서 무한대까지 이다. 제공한 유동성을 사용하는 범위가 매우 넓기 때문에 이더 가격이 어디에 있더라도 유동성은 일부분만 사용한다. 쉽게 설명하면 이더리움이 10달러에서 사용될 유동성도 있어야 하고 10000달러에 사용될 유동성도 있어야 하기 때문에 현재 1000달러에 사용되는 유동성이 당연히 적을 수밖에 없다. 그렇지만 V3에서는 이 범위를 정할 수가 있기 때문에 만약 500달러에서 1500달러로 정하면 본인의 유동성은 이 범위 안에서만 쓰인다. 따라서 나의 1 이더와 1000달러의 유동성은 현재 가격 근처에서 더욱 집중적으로 쓰이며 그만큼 더 많은 수익을 얻을 수 있다. 물론 범위를 벗어나면 수익을 못 얻는다는 단점이 있지만 범위를 매우 좁게 설정할 때 이더의 가격이 이 범위 안에서 횡보한다면 상상하는 것보다 수익률이 더욱 높다. 범위에 따라 수익률이 천차만별이기 때문에 평균 수익률을 내는 것도 힘들지만 기존의 V2는 약 20%의 연이율을 가져갈 수 있었는데 그것보다 몇 배는 넘게 수익이 나오기도 한다. V3에서는 이제 유동성이 넓게 펴져있는 것이 아니라 현재 가격에 어느 정도 범위로 모여있기 때문에 유동성 그래프를 보면 정규분포표처럼 현재 가격을 중심으로 퍼져있다. 사용자는 토큰을 거래하는데 대부분의 유동성은 현재 가격 기준으로 몰려있기 때문에 유동성 풀은 더 효과적으로 사용되고 사용자는 더욱 좋은 가격으로 교환할 수 있는 장점이 생겼다.

유니스왑 V3는 거기다가 롤업 체인에도 앱을 출시했다. 롭업 체인들은 Layer 2로 확장성 문제를 해결한 블록체인이기 때문에 수수료가 매우 적게 드는 장점이 있다. 현재 유니스왑 V3가 나왔음에도 그 잠재력을 더욱 폭발시키지 못하는 이유는 이더리움의 높은 수수료 때문이다. 물론 1조 원의 거래량이 많다고 생각할 수는 있지만 잠재력이 폭발된다면 이보다 더 많은 수준의 거래량을 낼 수 있기 때문이다. 하지만 유동성을 제공하기 위해서 스마트 컨트랙트를 써야 하고 유동성 풀에 제공되어 있는 토큰을 뺄 때도 스마트 컨트랙트를 사용해야 한다. 지금까지 얻은 수익을 인출하고 내 유동성에 추가하는 데에도 각 각 스마트 컨트랙트를 사용해야 한다. 이더리움의 가스 가격이 100 Gwei라는 기준으로 가스값을 산정하면 유동성을 제공할 때 20만 원이 들어가고 유동성을 뺄 때 10만 원이

들어간다. 수익을 인출하는데 15만 원이 들어가고 유동성에 추가하는데도 15만 원 정도가 필요하다. 만약 운용하는 자금이 억 단위라면 이 정도의 수수료를 어렵지 않게 만회할 수 있지만 소액으로 운용한다면 시작부터 마이너스 몇십만 원으로 시작하는 것과 같다. 하지만 롤업 체인에서 돌아가는 유니스왑 V3는 이러한 행동을 하는데 몇 십만 원이 아니라 몇만 원정도가 들어간다. 멀지 않은 미래에는 몇 천 원 정도까지 줄어들게 된다. 가스값이 적게 들면 소액으로 들어가기도 편하고 범위를 좁게 설정해도 쉽게 유동성을 제공하고 뺄 수 있기 때문에 더 많은 유동성이 현재 가격 근처에 몰리게 된다. 거기다가 수익을 계속 인출하고 유동성에 추가할 수 있기 때문에 수익을 복리로 늘어나게 만들 수 있다. 만약 수익을 1시간 단위로 인출해 유동성에 추가한다면 1시간 단위의 복리를 만들어낼 수 있으며 롤업 체인에서는 그에 따른 가스값이 충분히 적기 때문에 가능하다. 유니스왑 V3는 더욱 전략적이기도 하고 거래량을 지금보다 더 많이 불러일으킬 수 있기 때문에 롤업 체인에서 지금보다 더 많이 쓰일 수 있다고 생각한다. 그렇게 되면 중앙화 거래소보다 더 많은 거래량을 탈중앙화 거래소에서 발생시키는 게 가능하며 암호화폐 시장은 더 이상 중앙화 거래소가 중심이 아니라 탈중앙화 거래소의 중심으로 흘러갈 가능성이 있다.

유니스왑의 탄생은 디파이 세상에 큰 변화를 가져왔다. 유동성 풀의 성공으로 토큰을 두 개가 아니라 여러 개를 유동성 풀들에 넣는 커브나 밸런서 같은 앱들이 생겼고 유동성 풀에 더 오랫동안 유동성을 가둬놓기 위해 수익에다가 자체 발행하는 토큰까지 얹어주는 방식으로 수익을 극대화시키는 프로젝트들이 생겨났다. 토큰의 가격이 떨어지면 수익이 떨어지는 구조이기도 하고 대부분은 쉽게 망가지는 토큰 이코노미 구조를 가지고 있었기 때문에 더 많은 이자를 제공하는 유동성을 풀을 찾아 단기간으로 유동성을 제공하고 빼는 이자 농사라는 개념도 생겼다. 이더리움 블록체인에 유동성이 늘어나고 거래도 활성화가 되니 수익을 극대화하려는 사람들이 늘어나 대출을 받을 수 있는 앱이 생기기 시작했고 수요가 생기니 대출을 해주려는 사람도 늘어났다. 아베나 컴파운드 같은 플랫폼을 사용하면 쉽게 대출을 하고 받을 수 있다. 거기에 선물이나 레버리지 같은 탈중앙 거래소까지 생기며 큰 디파이 생태계가 이더리움 블록체인에 만들어졌다. 2017-2018년의 이더리움은 킬러앱이 꼭 필요하다고 외치던 시기였다. 우리나라에서 스마트폰이 퍼지게 만든 결정적인 계기는 킬러앱인 카카오톡 때문이었으며 킬러앱은 플랫폼의 성장을 이뤄내곤 한다. 2017-2018년의 이더리움 블록체인은 킬러앱이 없었기 때문에 많은 사람들이 플랫폼 블록체인의 사용성에 의문을 가지고 있었다. 구조도 좋고 탈중앙이 좋은 건 알겠지만 이렇게 느리고 어려운데 이걸 누가 사용하냐는 의문을 유니스왑과 디파이의 활성화로 잠재웠다. 킬러앱을 만들어내니 다음 질문을 받기 시작했다. "사용하는데 너무 비싼 게 아닌가?". 이더리움 블록체인의 개발 속도보다 사용하는 속도가 훨씬 빠르다 보니 현재 기술로는 수요만큼 처리할 수가 없게 되었고 그 결과 수수료가 너무나도 높아졌다. 이제 질문에 대한 답을 다시 한번 더 보여줄 차례이다.

| 디파이외의 새로운 사용성의 등장 |

플랫폼 블록체인에서 디파이가 먼저 만들어진 이유는 높은 수수료보다 더 많은 이득을 볼 수 있었기 때문이다. 아무리 수수료에 10만 원이 들어간다 하더라도 디파이 앱에서 트랜잭션을 보내서 20만 원을 벌 수 있으면 안 할 이유가 없다. 또한 디파이의 사용으로도 이더리움 블록체인은 충분히 과부하가 걸려있는 상태였기 때문에 디파이 외의 또 다른 사용성이 나올 것이라고 생각하지 못했었다. 그렇지만 NFT로 인해 유니스왑보다 더 높은 사용성을 보여주는 앱이 등장했다. 바로 오픈시이다. 오픈시는 NFT를 거래할 수 있는 플랫폼이다. 사실 NFT와 오픈시는 갑자기 나타난 기술과 플랫폼이 아니다. 2017년부터 있었던 기술과 플랫폼이었고 조용하게 성장 중이었다. 하지만 NFT 산업의 성장이 폭발하게 된 것은 2021년까지 와서인데 예술작품을 NFT형식으로 만들어서 판매하는 것이 잘 팔리고 계속해서 가격이 펌핑하는 현상이 일어나면서 투자자들과 창작자들이 NFT시장으로 몰리게 되었다. 처음 만든 창작자는 거래될 때마다 정해진 퍼센트를 받아가는 기능도 있었기 때문에 처음 창작자에 대한 인센티브도 존재했다. 다양한 커뮤니티에서는 디자이너들이 NFT에 대한 이야기를 하고 있었으며 개인적으로는 가끔씩 클럽하우스에 들어가 디자이너들이 NFT와 블록체인을 이야기하고 심지어는 암호화폐 지갑까지 이야기하는 것을 듣기도 했다. 유명하지 않았던 작가들도 작품을 오픈시에 올려 이더로 판매해 많은 돈을 벌어가면서 기사화가 되고 더 많은 사람들이 알게 되면서 더 많은 투자자들과 창작자들이 NFT시장에 모여들게 되었다. 이더리움 블록체인 외에도 플로우 블록체인은 NBA와 손을 잡고 NBA 탑샷이라는 NFT 카드를 판매했는데 물량은 나오자마자 동이 나고 기존의

카드값들은 몇십 배씩 뛰며 NFT의 투기를 만들어 내기도 했다.

　NFT 시장은 투기성이 높아 보였고 거품도 꽤 있다고 생각했기 때문에 NFT시장의 성장이 꺾일 것이라고 전문가들은 예상했지만 오픈시는 여전히 많은 거래를 보여주고 있고 EIP-1559 이후에 이더리움을 가장 많이 소각시킨 앱이 오픈시이다. 그만큼 많은 트랜잭션을 일으켜 이더를 소각시켰다고 할 수 있다. 정말 이상한 그림도 많고 NFT에 특별한 기능이 있는 것도 아니지만 꽤 많은 NFT의 가격은 예상하는 것보다 훨씬 높다. 이미지의 소유권을 가지기 때문에 높은 가치가 생긴 것이다라고 언론에서도 이야기하고 커뮤니티에서도 이야기하지만 이것은 본질을 보지 못하는 것이라고 생각한다. 물론 개인적으로도 NFT의 가격에는 거품이 많이 있는 것에 동의한다. 그리고 토큰처럼 NFT의 상당수는 결국에는 가치가 없어질 것이라고도 생각한다. 하지만 NFT시장에 왜 돈이 몰리는지 이야기할 필요는 있다고 생각한다. 토큰 시장에 돈이 몰렸던 이유는 쉽게 돈을 벌 수 있었기 때문이다. ICO에 참가해 토큰을 구매하면 이 가격이 바닥이라고 생각하는 투자자들이 많기 때문에 토큰의 가격이 바닥은 닫혀 있고 위는 높이 열려있는 투자라고 인식됐다. 그 결과 투자자들과 투기꾼들이 모이게 되면서 가격이 쉽게 올라가는 경향이 있었다. ICO를 한 많은 프로젝트들이 성과를 내지 못하며 장기로는 ICO투자가 실패인 경우가 많았지만 이더리움 블록체인 생태계에는 많은 자본을 가져다준 계기였다. NFT도 현재 비슷하게 흘러가고 있다. NFT의 가격이 쉽게 쉽게 상승하면서 투자자들과 투기꾼들이 모이면서 돈을 NFT시장에 모으고 있다. 그렇다면 왜 NFT 시장에 참가하는 투자자와 투기꾼들은 본인이 구매한 NFT의 가격이 오른다고 생각하는 걸까?

오픈시에는 이더리움 외에도 몇 가지 블록체인을 지원한다. 하지만 이더리움 블록체인만 보더라도 2천만 개가 넘는 NFT들이 이미지를 가지고 오픈시에서 거래되고 있다. 하지만 여기서 보이는 이미지는 블록체인에 저장된 이미지가 아니다. 이미지보다 파일이 더 큰 음악이나 동영상은 더더욱 블록체인에 저장된 것이 아니다. 현재 이더리움 하나의 블록 사이즈는 80KB 정도의 사이즈이기 때문에 이미지를 블록체인에 저장시킬 수는 없고 이미지의 주소를 NFT 토큰 스마트 컨트랙트에 넣거나 아니면 특성만 넣어 오픈시 같은 앱에서 이미지를 특성과 매칭 시켜 보여준다. 즉, 오픈시에서 보이는 이미지는 일반 서버에 저장되어 있거나 IPFS 같은 분산 파일 시스템에 저장되어 있는 이미지를 다시 오픈시 서버에 저장해서 보여주는 이미지이다. 따라서 오픈시의 화려한 NFT 이미지들은 블록체인에 저장되지 않고 외부에서 따로 돌아가는 이미지 파일들이기 때문에 이미지의 퀄리티를 보는 것은 NFT의 본질을 보는 것이 아니다.

오픈시에서 NFT를 공급하는 사람들 중 개인이 NFT를 하나씩 만들어서 파는 개인 창작자들도 많이 있지만 ICO만큼 돈이 몰리게 하는 것은 그룹화된 창작자들이다. 보통 이들은 한정된 개수의 NFT를 발행시키고 NFT의 기능을 그다음부터 만들어나간다. 그리고 NFT기능을 만들어나가는 동안 가장 중요한 것은 커뮤니티의 규모, 참여율 그리고 창의성이다. 재미있는 예는 Loot Project가 있다. 초기에 공정한 발행(Fair mint)을 해 누구나 무료로 NFT를 발행해서 가져갈 수 있었으며 이더리움의 가스 값만 내는 것이 유일한 수수료였다. Loot Project의 NFT는 8000개로 제한하고 NFT에는 텍스트로만 이뤄진 이미지였다. RPG 게임처럼 투구, 무기, 갑옷, 링, 벨트 등등의 이름이 적혀있는 텍스트들이었다. "이게 뭐야"라고 할 수도 있겠지만 현재 가장 싸게 거래되는 Loot Project의 NFT 가격은 천만 원이며 지금까지 거래된 거래량은 3천억 원이 넘는다. 무료로 발행된 Loot Project가 천만 원의 가격을 가지게 된 이유는 커뮤니티가 바탕이다. 무료로 발행한 NFT덕에 NFT를 가지고 있는 사람과 관심이 있는 사람들이 급속도로 커뮤니티에 모이게 되었고 현재는 8만 명이 넘는 사람들이 Loot Project 디스코드에서 커뮤니티를 이루고 있으며 커뮤니티에서는 NFT의 새로운 사용성을 찾는다. 해당 NFT의 텍스트들을 특성 별로 나누고 기능도 넣고 하며 NFT의 점수를 부여해 비슷해 보이는 NFT에도 순위를 매기기도 한다. 또한 새로운 게임을 만들어 Loot Project의 NFT를 사용하면 NFT가 아바타로 변해 텍스트마다 고유한 아이템으로 보이는 등 다양한 창의적인 사용성들이 나오게 되었다. 처음 만들어진 텍스트 이미지의 NFT에서는 전혀 생각지도 못했던 아이디어들이 나오고 즐거워하며 커뮤니티의 참여도는 더욱 높아진다. Loot Project팀은 200개의 NFT를 인센티브로 가져가 개발자금을 만들었고 여러 가지를 도입하고 있지만 이제부터 Loot Project의 성공 여부는 팀이 아니라 커뮤니티에 따라 달려있다.

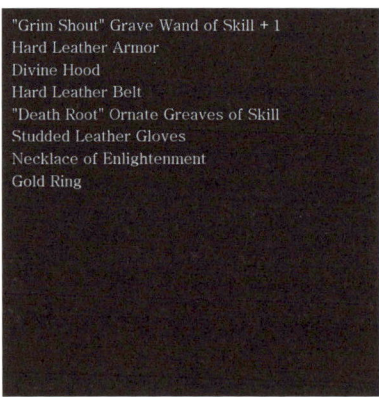

<루트 프로젝트 NFT>

게임을 개발하고 커뮤니티를 키우는 것은 전통적으로 기업이나 프로젝트가 담당했지만 블록체인에서는 기업이나 프로젝트가 전부를 담당하는 것이 아닌 것처럼 보인다. 본인들의 NFT 가치를 높이기 위해 스스로 마케팅 툴을 만들고 커뮤니티를 만들며 게임을 만들어 NFT를 사용하도록 한다. 하나의 NFT를 사용해 다양한 게임을 즐기도록 만들 수 있고 서로 다른 블록체인에서 하나의 NFT를 그대로 옮겨 사용하기도 한다. 사실상 NFT는 이미지에 대한 소유권을 가지는 특성보다 원하는 프로젝트에 참가할 수 있는 참가권 또는 해당 프로젝트가 구현하려는 메타버스에 들어가기 위한 입장권의 기능이 더 크게 발현하고 있지 않나 생각한다. 따라서 오픈시의 엄청난 거래량은 수많은 프로젝트들이 자기들만의 메타버스를 커뮤니티와 구현하고 있어 많은 돈이 몰리고 많은 경쟁이 일어나고 있는 것이라고 해석할 수 있다. 그리고 수많은 프로젝트들이 만든 메타버스들은 거대한 이더리움 메타버스에서 연결된다. NFT를 깊게 이해하기 위해서는 이더리움 블록체인을 이해하고 있어야 하는 이유이다.

| 플랫폼 블록체인에서의 게임 |

　유니스왑과 오픈시만큼의 사용성을 보여준 앱은 놀랍게도 게임이었다. EIP-1559 이후로 3번째로 이더를 많이 소각시킨 것이 바로 엑시 인피니티이다. 엑시 팀은 현재 이더리움의 높은 수수료를 극복하기 위해서 중앙화 된 블록체인을 만들고 브릿지를 만들어 이더리움 블록체인과 본인들의 블록체인을 연결했다. 따라서 엑시 인피니티 블록체인과 이더리움 블록체인의 입출금의 물량만으로 이더리움 블록체인에서 3번째로 많은 사용성을 보여준 것이기 때문에 더욱 대단하다. 엑시 팀이 만든 블록체인은 로닌 블록체인이라고 부르며 엑시팀은 엑시 인피니티 게임에서 거래되는 모든 것을 한곳에 모은 마켓 플레이스도 론칭했다. 하루에 펫과 아이템들이 거래되는 거래량은 하루에 약 300억 원 수준이며 꾸준한 거래량을 현재까지 잘 보여주고 있다. 1달 기준으로는 1조 원이 넘게 거래되는 것이니 플랫폼 블록체인에서 게임이 어떤 식으로 살아남았고 어떻게 성장했는지 언급할 가치가 있다.

　엑시 인피니티 게임을 하기 위해서는 엑시라는 펫을 최소 3개는 가지고 있어야 한다. 하지만 글을 쓰는 현재 기준으로 제일 싼 펫 가격은 0.03 이더, 약 15만 원 정도 하니 총 45만 원은 있어야 게임을 시작할 수 있다. 엑시 인피니티가 유명해진 이유는 돈을 벌 수 있는 게임이라고 소문이 났기 때문이다. 이것을 블록체인 시장에서는 'Play to Earn'이라고 부르며 엑시 인피니티 이후에 Play to Earn게임은 우후죽순 생겨나고 있는 중이다. 엑시 인피니티를 플레이한다는 것은 크게 두 가지이다. 하나는 두 개의 엑시를 교배시켜서 자식의 엑시를 만들어 그것을 판매해 돈을 벌 수 있고 또 다른 방법은 엑시마다 고유한 카드를 4개씩 사용할 수 있는데 이 카드를 사용해서 대전 형식으로 공격하고 방어하는 식의 게임이 하나 있다. 하스스톤이나 스톤에이지 또는 포켓몬스터 카드게임처럼 카드의 특성으로 싸우는 게임이다. 엑시는 하나의 NFT로 되어있어 사용자들끼리 엑시들을 교환할 수도 있고 선물해줄 수도 있다. 엑시 인피니티 게임에는 NFT만 존재하는 것이 아니라 ERC-20 형식의 토큰도 두 종류 존재한다. 바로 AXS와 SLP이다. 최초의 NFT게임인 크립토 키티는 이더만 있으면 무한으로 교배해 자식 펫을 만들어 판매할 수 있었던 것과 달리 엑시 인피니티는 펫당 교배할 수 있는 숫자를 7번으로 줄이고 교배에 이더 대신 그들의 토큰인 AXS와 SLP를 지불하도록 했다. 또한 교배 횟수마다 지불하는 AXS와 SLP가 늘어나도록 해 엑시의 공급을 제한했다. 이것은 너무 많은 교배가 이뤄져 너무 많은 펫이 시장에 풀리는 것을 방지한다. 최소 펫 가격이 15만 원이니 자식 펫을 만드는 게 15만 원보다 아래라면 교배를 시킬 것이고 위라면 시키지 않을 것이다.

엑시 NFT로는 카드게임을 할 수 있는데 카드게임은 컴퓨터랑 하는 모드와 사람이랑 하는 모드가 존재한다. 구매한 세 개의 펫으로 두 개의 모드를 전부 플레이할 수 있으며 일일 퀘스트도 존재한다. 하루에 플레이할 수 있는 양도 존재한다. 일일 퀘스트를 깨고 대전을 하다 보면 SLP라는 토큰을 얻게 되는데 SLP토큰은 현재 기준으로 1개당 약 80원 정도의 가치를 가지고 있다. 물론 SLP의 가격은 변동성이 있어 계산하기가 쉽지 않지만 대략 하나의 계정당 하루에 최소 75개의 SLP는 얻을 수 있으므로 6천 원 정도를 벌 수 있다는 것이다. 선진국들의 최소 시급은 높아 별 메리트가 없어 보이지만 만약 이 가격을 유지할 수가 있다면 최소 시급이 2

천 원인 나라에서는 3시간의 일을 1시간 만에 끝낼 수 있다는 점이니 개발도상국의 시각에서는 Play to Earn이 메리트가 있어 보이기도 한다. 개인적으로 플레이해보았을 때 몇 주가 지나면 하루에 100개 이상의 SLP는 만들 수 있는 것으로 보아 더 메리트가 있는 것처럼 느껴졌다. 물론 엑시 인피니티 게임의 문제도 존재한다. 바로 엑시와 SLP가 지금의 가격을 유지할 수 있느냐이다. 아무리 펫의 교배가 억제되어 있다고 하더라도 사용자가 적게 유입된다면 쓸모없는 펫의 가치는 지금의 가격을 유지할 수가 없을 것이다. 또한 AXS은 추후에 게임사의 수익을 얻어갈 수 있기 때문에 토큰 이코노미 구조가 나름대로 탄탄해 보이지만 SLP의 토큰 이코노미는 굉장히 약하다. 교배에 필요한 사용성 말고는 없지만 발행되는 양에 제한이 없기 때문이다. 따라서 플레이하는 사람들이 많아질수록 SLP를 얻는 사람도 많아질 테니 SLP의 가격은 떨어질 수밖에 없는 구조이다. 플레이하는 사람들이 많아지면 교배도 많아지겠지만 AXS가격이 높아 교배하는 펫들이 많이 생기지 않는다면 SLP는 꾸준하게 시장에 팔릴 것이기 때문이다.

그럼에도 불구하고 엑시 인피니티는 훌륭한 생태계를 만들어 냈다고 생각한다. 사용자들은 NFT로 게임을 즐기고 서로 교환하며 거버넌스의 역할을 하는 토큰(AXS)과 게임에서 사용되는 토큰(SLP)이 서로 순환하게 된다. 아직 엑시와 AXS, SLP가 잘 순환한다고 말할 수 없지만 아직 알파버전이기 때문에 발전할 가능성이 있고 팀에서도 SLP의 사용성을 늘린다고 언급한 적이 있어서 SLP의 토큰 이코노미는 엑시팀의 재량에 따라 좋아질 수 있다. 거기다가 엑시 인피니티팀은 지금 사용되는 NFT와 AXS, 그리고 SLP를 사용해서 더 많은 게임을 출시할 계획이다. 엑시 인피니티만의 메타버스를 구축하고 있는 것으로 보이며 하나의 프로젝트에서 ERC-721(NFT)과 ERC-20를 함께 사용하는 좋은 예를 만들었다. 게임성이 훌륭하다고 할 수는 없지만 4년 전에 경험했던 크립토 키티와 비교하면 수준이 많이 높아졌다. 엑시 인피니티 다음 세대의 게임 앱을 기대하는 이유이기도 하다.

엑시 인피니티의 게임과 생태계를 보고 플랫폼 블록체인의 가능성을 한번 더 확인할 수 있었지만 암호화폐 지갑의 가능성을 한번 더 확인시켜주기도 했다. 엑시 인피니티는 1명당 1개의 계정을 사용하도록 하고 있다. 펫이 3개가 있다면 최소 75 SLP를 얻을 수 있어 한 명이 펫을 300개를 구매해 100개의 계정에 담고 7500 SLP를 벌어가지 못하게 막음으로써 더 많은 사람들에게 플레이되게 만들기 위함이다. 하지만 펫을 빌려주는 것은 가능하다. scholarships 제도, 즉 장학금 제도라고 말하며 45만 원이 없어 엑시 인피니티를 시작하지 못하는 사람들에게 펫을 빌려주고 그들이 SLP를 벌면 이익을 분배하는 제도를 말한다. 사실 장학금보단 소작농과 지주 같은 관계가 더 비슷하지 않은가 싶지만 대부분은 5:5로 이익을 나누기 때문에 소작농과 지주의 관계보다는 나은 것 같긴 하다. 엑시를 빌려주게 되면 엑시를 팔지 못하는 효과도 있으니 시장에서의 공급을 줄이는 효과도 존재한다. 현재 이 제도를 사용하게 되면 하루에 1시간도 투자하지 않고 3천 원은 벌 수 있다는 것이니 수요는 꽤 있는 편이다. 보통 학생들이 신청을 하거나 또는 필리핀이나 베네수엘라 같이 시급이 낮은 나라에서 신청을 많이 하고 있다. 엑시 인피니티의 40%는 필리핀 사람들이라는 통계도 있다.

이 장학금 제도가 가능한 이유는 엑시팀이 별도의 플랫폼을 만들어서 가능했던 것이 아니다. 바로 암호화폐 지갑의 특성 덕분에 가능했던 것인데 보통 엑시를 사고팔거나 선물할 시 또는 지금까지 얻은 SLP를 정산 받거나 전송하기 위해서는 로닌 블록체인용 암호화폐 지갑이 필요하다. 로닌 지갑이라고도 부르는데 로닌 지갑에서 트랜잭션을 전송해야 펫의 거래나 토큰의 거래 같은 데이터들이 블록체인에 저장될 수 있기 때문에 그렇다. 하지만 SLP를 얻는 카드게임을 플레이하는 중에는 블록체인에 저장할 데이터가 없기 때문에 지갑에서 트랜잭션의 전송을 할 필요가 없다. 다시 말해서 게임을 할 때는 지갑이 필요 없다는 것이다. QR코드나 아이디/암호만 입력해 플레이하도록 한다. 따라서 QR코드나 아이디/암호만 가지고 있는 사람은 게임을 플레이만 할 수 있을 뿐 펫이나 토큰들을 빼돌릴 수가 없다. 지갑의 정보는 공유하지 않기 때문이다. 지갑의 정보만 공유하지 않는다면 빌린 엑시를 받은 사람들은 게임을 플레이만 할 수 있을 뿐 다른 것은 아무것도 할 수 없다.

암호화폐 지갑을 사용하면 로그인이 굉장히 쉬워진다. 익명이기 때문에 나의 정보를 노출시키지 않아도 된다. 최근 많은 웹 서비스들은 회원가입을 요구하지 않고 구글이나 카톡과 연동해서 로그인을 하게 되는데 구글과 카톡은 너무 프라이빗한 정보가 많기 때문에 이들로 로그인을 하기가 가끔씩은 꺼려지게 된다. 만약 거기에 암호화폐 지갑의 옵션이 있다면 개인적으로는 구글과 카톡보다는 암호화폐 지갑을 사용할 것 같다. 모든 이더리움 앱들은 메타마스크로 로그인을 할 수 있는 것처럼 암호화폐 지갑이 유니버설 한 로그인을 할 때 잘 사용될 수 있다고 생각했었다. 하지만 이외에도 엑시 인피니티처럼 안전한 로그인은 암호화폐 지갑으로 하고 덜 안전해도 되는 로그인은 아이디/암호로 해 암호화폐 지갑으로 보안을 한 층 더 높일 수 있는 방법도 좋은 사용성인 것 같다.

아무튼 엑시 인피니티는 하루에 180만 명이 사용하는 게임으로 자리를 잡게 되었으며 엑시 인피니티를 즐기는 사용자들은 메타마스크를 설치하고 하드웨어 지갑을 구매해 보안을 더하고 가스값을 보며 입출금의 시기를 판단하고 있다. 자본 없이 시작한 학생들도 SLP를 메타마스크로 받아 유니스왑을 사용해 교환하기도 한다. 2017년도에는 메타마스크를 설치하기 위해서는 국내에 정보가 없어 해외 유튜브를 보고 설치해야 했던 것을 생각하면 블록체인 사용자의 성장 속도도 빠른 것 같다. 업비트에 암호화폐를 거래하는 사람 중 암호화폐 지갑을 사용하는 사람들은 정말 없을 것이고 그중 하드웨어 지갑을 사용하는 사람은 더더욱 없을 것이다. 역시 플랫폼의 성장을 이끄는 것은 킬러앱들이 가장 큰 역할을 하는 것 같으며 디파이에서 NFT 그리고 게임까지 다양하게 이더리움 블록체인에서 나오는 것은 의미 있다고 생각한다.

| 다음 킬러앱은 무엇일까? |

이더리움 블록체인에는 유니스왑, 오픈시, 엑시 인피니티 같은 앱들이 돌아가고 있지만 이외에도 수많은 앱들이 돌아가고 있다. 플랫폼 블록체인의 정보 사이트인 Dappradar기준으로 2800개의 앱이 이더리움 블록체인에 저장되어 있다. 물론 2800개의 앱이 전부 잘 돌아가는 것이 아니지만 이렇게 많은 앱이 하나의 네트워크를 사용하고 있다는 것은 서로에게 시너지 효과가 될 수 있다. 만약 엑시 인피니티 게임이 이더리움 블록체인에서 돌아가게 되면 게임 안에서 유니스왑이나 오픈시를 사용할 수 있을 것이다. 따라서 사용되는 앱이 점점 더 늘어나고 앱의 카테고리가 더 다양해진다면 전에는 보지 못했던 산업들의 연결이 일어날 수 있다. 그런 의미에서 디파이, NFT, 게임 외의 어떤 산업이 이더리움 블록체인의 앱으로 들어올지 지켜보는 것도 재미있는 일이다. 2017년 이후 블록체인 산업을 휘몰아쳤던 기술들은 ICO, 디파이, NFT 등등이라 할 수 있는데 전부 이더리움 블록체인에서 나왔고 가장 많이 사용되었다. 블록체인의 본질은 커뮤니티이기 때문에 플랫폼 블록체인에서 가장 큰 규모의 커뮤니티를 가지고 있는 이더리움 블록체인에서 또 다른 기술들이 나올 가능성이 높고 넥스트 킬러앱을 낼 가능성이 높다. 회사의 경영을 탈중앙식으로 해 여러 익명의 사람들이 일을 하고 투표하고 돈을 벌어가는 탈중앙화 자율조직, Decentralized Automonous Organization(DAO) 일 수도 있으며 새로운 형태의 SNS가 새로운 킬러앱이 될 수도 있다. 블로그에 포스팅을 하고 좋아요를 받으면 돈을 벌어갈 수 있는 '스팀' 블로그는 새로운 형태의 SNS를 보여주기도 하였으며 잘 다듬는다면 많은 사람들이 사용하는 킬러앱이 될 수도 있다. 또는 이미 나온 디파이와 NFT들의 결합으로 새로운 앱을

만들어낼 수 있고 우리가 전혀 생각지 못했던 앱이 나올 수 있다.

지금까지는 사실상 예상하지 못했던 앱들의 성공들이 연결되어 지금의 이더리움 블록체인을 이끌었다고 생각한다. 오픈시는 2017년도에 나왔고 커뮤니티의 관심을 받긴 했지만 그 이후로 2년 동안 성과가 크지 않아 개인적으로는 곧 망할 앱이라고 생각하기도 했다. 하지만 오픈시의 NFT트렌드를 읽었던 사람들은 NFT를 투자하거나 관련된 프로젝트를 만들면서 돈을 벌어 갔고 NFT시장이 커지는 것에 기여를 했다. 개인이 트렌드를 읽는 것은 힘들지만 블록체인 관련된 컨퍼런스는 세계 각 국에서 열리고 빈도수도 잦은 편이다. 직접 참여해 사람들과 이야기하고 교류를 하면 더욱 좋겠지만 비용이 많이 들어간다. 다행히 많은 컨퍼런스는 유튜브에 공개되기 때문에 현재 개발 중인 프로젝트의 아이디어를 쉽게 들을 수 있다. 다만 대부분의 컨퍼런스는 영어로 진행되고 기술적인 이야기를 하기 때문에 일반 사용자들이 이해하기 쉽지 않다. 개인적인 바람으로는 더 많은 사람들이 블록체인 시장에 뛰어들어서 언어 차이에서 오른 정보의 불균형을 맞춰주었으면 좋겠다는 생각을 한다. 영어로 된 아이디어에 자막을 달고 어려운 기술적인 이야기는 일반 언어로 변환해주고 트렌드를 예상해보며 직접 프로젝트를 만들어가는 사람들이 지금보다 더 많아졌으면 좋겠다는 생각이다. 한국에서 암호화폐 시장에 대한 관심이 적다고는 생각하지 않지만 시장조사를 해보면 대부분의 관심은 차트를 보고 뉴스를 보며 몇 주 또는 몇 달 뒤의 가격을 예측하는 데 있다. 암호화폐 시장에는 이러한 참여자들이 필요하지만 기술적인 접근을 가지고 다음 킬러앱을 예상해보거나 또는 다음 킬러앱을 직접 만들어나가는 커뮤니티도 필요하지 않나 생각한다.

04

암호화폐 시장에 뛰어들기 전 알아야 할 점

04 암호화폐 시장에 뛰어들기 전 알아야 할 점

| 사기꾼들의 세상 |

이전 챕터들을 통해서 플랫폼 블록체인들의 가능성과 핑크빛 미래에 대해서 이야기를 했지만 현실은 다른 경우가 많다. 시장이 탄생한 지 10년밖에 되지 않은 것에 비해 많은 사용자가 유입되고 있고 돈에 직접적으로 관련된 시장이기 때문에 수많은 사기꾼들이 존재한다. 개인적인 이야기로 서두를 시작 하자면 2017년 초반 이더리움과 비트코인에 대한 블로그를 쓰기 시작했는데 공부하는 것을 정리하는 공간으로 사용하려는 이유도 있었지만 또 하나의 이유는 너무 많은 사기꾼들이 있었기 때문이다. 우연한 계기로 암호화폐와 블록체인을 알게 되어서 공부를 해 보았지만 충분한 정보가 나오는 영어와는 달리 한국어로 된 많은 블로그들은 이상한 코인들을 만들어 다단계로 팔아대고 있었다. 이상한 코인들은 중앙화 거래소에 상장되지가 않기 때문에 온갖 감언이설을 해 개인에게 코인을 팔아먹으려고 만든 블로그들이었다. 5년이 지난 현재 그다지 많이 달라진 것 같지는 않다. 더 이상 사기꾼처럼 보이지 않을 뿐이지 블록체인의 기술을 마케팅 삼아 타인의 돈을 노리는 사람들은 아직도 매우 많다. 블록체인 기술을 모르는 노인들을 상대로 코인을 팔아 대는 사람들

은 아직도 존재한다. 사기꾼은 아니지만 사기꾼처럼 행동하는 경우도 많이 있다. 스마트 컨트랙트들은 대부분 코드로 이루어져 있기 때문에 일반 사용자가 이것이 어떤 스마트 컨트랙트인지 전혀 알 수 없는 경우가 많다. 따라서 스마트 컨트랙트를 만드는 측은 주소와 코드를 공개해서 최소한 개발자들에게라도 검증을 받아야 한다. 블록체인 외의 시장에서는 소스코드는 전부 돈이기 때문에 이것을 공개하는 것이 꺼려질 수 있겠지만 블록체인 시장에서 공개하지 않은 소스코드의 스마트 컨트랙트 또는 앱 클라이언트는 사기꾼과 다를 바가 없다. 사기꾼들은 이 시장에서 없어지지는 않을 것이다. 따라서 이 시장에 참여하는 사람들은 사기를 판단할 수 있는 지식과 판단력을 가진 후에 참여하는 게 좋다. 이번 챕터는 암호화폐 또는 블록체인 시장에 참여하고 싶어 하는 사람들을 위한 챕터이며 이 시장에서 꼭 알아야 할 것이 무엇인지에 대해서 이야기한다.

| 언젠가 한 번은 터질 폭탄 - 테더 |

암호화폐 시장에 고질적인 위험은 두 가지가 있다. 중국 정부의 암호화폐 금지 문제와 테더 문제이다. 2017년에는 중국의 중앙화 거래소들이 가장 거래가 많이 됐었지만 그 이후로 거래소가 폐쇄되고 암호화폐 거래가 전면 금지되었으며 채굴자까지 금지되면서 중국 정부의 암호화폐 금지 위험은 점점 약해지고 있는 중이다. 이제 비트코인의 채굴은 중국에서보다 북미에서 더 많이 되고 있고 북미 채굴회사들의 파이는 계속해서 커지고 있기 때문에 점점 위험의 난이도는 낮아지고 있다. 하지만 테더 문제는 해결될 기미가 보이지 않는다. 개인적으로는 점점 더 심해지고 있다고 생각한다.

테더는 USDT로 1달러의 가치를 가지는 스테이블 토큰이다. 이더리움 블록체인을 포함해서 몇몇 블록체인에서 발행되고 있으며 이더리움 블록체인에서 많은 트랜잭션이 테더를 통해서 일어나기도 한다. 테더가 1달러의 가치를 가지는 이유는 간단하다. 테더를 발행하는 회사인 테더 리미티드가 테더와 달러를 1:1로 교환해주고 있기 때문이다. 최소 금액은 1억 원정도이며 0.1%의 수수료로 테더와 달러를 교환해주는 것이 테더 리미티드의 비즈니스이다. 스테이블 토큰은 이미 언급했듯이 활용성이 매우 높기 때문에 중앙화 거래소와 탈중앙화 거래소 또는 디파이에서도 활발히 사용되고 있다. 스테이블 토큰은 DAI, USDC 등등 여러 가지 형태로 존재하지만 스테이블 토큰의 70%를 테더가 점유하고 있다. 하나의 스테이블 토큰이 꽤 큰 점유율을 가지고 있기 때문에 테더가 잘 운영되길 바라지만 테더는 사실 여러 가지 이유로 시장에 좋은 신뢰를 주지 못하고 있다. 테더 리미티드는 은행이 아니기 때문에 고객이 테더로 교환한 현금을 전부 가지고 있어야 한다. 암호화폐들의 시가총액을 볼 수 있는 Coinmarketcap에 따르면 현재 테더의 시가총액은 80조 원이 넘는다. 즉 테더 리미티드가 지금까지 발행한 테더는 80조 원이 넘으며 본인들이 가지고 있는 현금은 80조 원이 있어야 한다. 그래야 사용자들이 테더를 반납해 현금을 찾을 때 전부 환급해 줄 수 있고 뱅크런 같은 사태가 일어나지 않을 것이다.

하지만 여러 정황으로 인해 테더 리미티드는 80조 원의 100% 현금은 가지고 있지 않은 것 같다. 2018년도 테더 홈페이지에는 본인들이 가지고 있는 현금과 테더는 1:1 교환이 된다고 말했었지만 현재 홈페이지에는 말이 조금 바뀌었다. '현금'과 테더는 1:1 교환이 된다에서 '현금과 현금 등가액(cash equivalens)'으로 바꾸어 놓았으며 작은 글씨로 "때때로는 다른 자산군이나 빚을 돌려받는 것까지 다 합치면 테더 물량을 100% 지원을 한다"라고 추가 설명을 해 놓았다. 테더 측은 다른 문제로 인해 뉴욕 검찰청에 사기혐의로 기소되고 벌금을 부과받았는데 이때 진술서에서 현금과 현금 등가액의 퍼센트가 68%에서 74%라고도 밝히기도 한다. 이때의 진술은 다음과 같았다. "은행들의 지급준비율은 10%이니 테더의 68% ~ 74% 정도의 현금을 가지고 있는 것은 안전하다. 사용자들이 현금으로 바꾸려 할 때 충분한 금액을 가지고 있다." 여기서 더 큰 문제는 이 진술서는 2019년 4월에 작성된 것이고 이 이후로는 어떻게 변했는지 아무도 모른다는 것이다. 독립적인 제삼자 기관에 의해 검사를 받고 있다고는 하지만 제대로 된 독립 기관에서 검증을 받은 것은 인증한 적이 없으며 투자자 보호 등의 핑계로 제대로 된 정보를 거의 밝히고 있지 않다. 테더 리미티드 측의 말을 전부 신뢰하고 앞으로도 계속 신뢰할 수 있다고 가정하더라도 68% ~ 74%의 현금과 현금 지급액을 보유한다는 것은 26% ~ 32%의 현금과 현금 지급액은 테더 리미티드 측이 가지고 있지 않다는 말이다. 테더 측은 그 자금으로 따로 비즈니스를 하거나 대출을 해준 것이라고 할 수 있지만 잘 못 되는 경우 24조 원은 사용자가 찾아갈 수 없는 자금인지도 모른다.

테더의 폭탄은 테더가 없어질 때까지 암호화폐 시장을 계속해서 괴롭힐 것이다. 규제되지 않는 중앙화 된 기업이 큰 힘을 가질 때 얼마나 위험한 지 잘 보여주고 있는 사례하고도 생각한다. 테더 리미티드의 모 회사는 비트 파이넥스라는 중앙화 거래소를 소유하고 있다. 암호화폐 시장에서 거래소들은 황금알을 낳는 거위들이기 때문에 힘이 매우 강력하다. 따라서 암호화폐 관련 회사들과 거래소와의 유착이 공공연하게 일어나는 정황을 볼 수 있다. 벤처캐피털에서 투자하고 거래소에 원하는 대로 상장을 시켜 엑싯하는 절대 잃지 않는 투자법을 보여주는 경우도 있으며 테더 경우처럼 스테이블 토큰을 발행하면서 모회사는 거래소를 운영하는 구조를 보여주기도 한다. 이러한 구조들은 아무리 정직하게 운영하려고 해도 남용을 막기가 쉽지 않다.

테더의 리스크가 만약 2017년도에 터졌다면 암호화폐 시장에 엄청 난 충격을 주었을 것이다. 실제로도 2017년 4월에는 테더가 1달러에서 0.91달러까지 내려간 적이 있다. 그 시기에 많은 은행들이 테더로의 입금과 출금 지원을 중지했고 테더 리스크에 관한 우려들이 시장을 지배했기 때문이었는데 테더의 현실을 밖에서 알 수 없기도 했고 사용자들은 테더를

0.91달러에 구매해 현금으로 바꾸는 사람들이 많았기 때문에 다시 1달러의 가치로 돌아오게 되었다. 테더 리스크는 테더 리미티드 측이 더 이상 현금을 줄 수 없는 뱅크런 사태가 일어나지 않는 이상 계속될 리스크이다. 다행인 점은 테더의 경쟁자인 USDC의 점유율이 계속해서 높아지고 있다는 점이다. USDC는 미국 기업인 서클에서 정부 규제에 맞춰서 발행하고 있어 테더보다 더욱 신뢰할 수 있는 스테이블 토큰이다. 또한 블록체인의 인프라가 점점 단단해지고 있기 때문에 테더의 리스크의 폭탄이 터진다 하더라도 암호화폐 시장을 무너뜨리지는 않을 것이라고 생각한다. 차라리 빨리 터져서 없어지기를 바라는 투자자들도 존재한다. 따라서 테더 리스크는 암호화폐 시장에 참가하기 위해서는 귀찮지만 항상 들고 있어야 하는 리스크 중 하나이다.

| 정말 어려운 정부의 규제 |

블록체인의 거래는 전부 공개된다. 그렇기 때문에 블록체인에서 한 행동이 익명이 아니라면 단 하나의 트랜잭션으로 그 사람이 지금까지 어떤 경제활동을 했는지 볼 수 있다. 물론 익명에 반감을 가지는 사람들도 많지만 인터넷의 대부분의 활동은 익명으로 이뤄진다. 익명성과 함께 본인을 드러내지 않고 다른 사람들과 커뮤니티를 이루고 정보를 교류하며 소통한다. 익명성으로 인해 발생하는 문제도 많이 있지만 반대로 모든 인터넷 활동이 실명제라면 발생하는 문제가 더 많을 것이다. 인터넷의 익명성으로 인해 더 쉽게 다른 사람들과 상호작용을 하면서 인터넷 시장은 계속해서 팽창해왔다. 그럼에도 팽창하지 못한 부분도 있다. 익명의 대상과 거래를 할 때 상대를 신뢰하지 못하기 때문에 인터넷 시장에서 금융 산업은 다른 산업에 비해 발전이 더딘 경향도 있었다. 하지만 블록체인은 익명성의 대상과 거래를 할 수 있도록 만드는 역할을 한다. 디파이는 인터넷의 금융 버전이기 때문에 블록체인 생태계 내의 대부분의 활동은 그대로 익명으로 진행된다. 블록체인 생태계에서의 활동은 예를 들면 익명의 사람에게 암호화폐를 빌려주고 이자를 받거나 반대로 이자를 지불하면서 돈을 빌리는 것 등이 있다. 인터넷처럼 익명의 사람들과 커뮤니티를 이루고 교류하지만 금융 산업에서 이뤄진다는 것이 인터넷과 조금 다르다. 물론 블록체인의 기술이 조금 더 발전된다면 금융 바깥에서도 충분히 사용될 수 있지만 첫 단추는 금융 산업일 것이다.

정부의 통제 바깥에서 성장하고 있는 금융 산업이고 국경이 없이 사용되고 있기 때문에 각 국 정부들은 암호화폐를 어떻게 규제안으로 가져올 것인지의 고민을 하고 시행령들을 만들어 나가는 중이다. 현재 블록체인 시장의 벤처캐피털의 투자가 가장 활발한 곳이 미국에서 나오고 있기 때문에 미국의 규제도 암호화폐 시장의 관심거리이다. 미국 증권거래위원회의 수장은 게리 겐슬러인데 게리 겐슬러는 MIT에서 블록체인을 가르치기도 한 사람이다. 게리 겐슬러의 인터뷰를 들어보면 블록체인을 규제안으로 가지고 오려는 생각을 읽을 수 있다. 개인적으로는 블록체인은 시간이 지나면 누구나 쓰이게 될 것이고 그렇게 되기 위해서는 결국 규제와 기술이 같이 발맞춰 가는 게 맞다고 생각하기 때문에 블록체인을 규제안으로 가져오려는 것이 당연하다고 생각한다. 이 시장에 사기꾼들이 많은 것도 사실이기 때문에 어떻게 보면 두 팔 벌려 환영할 일이기도 하다. 하지만 기존의 증권법 기준인 하위 테스트로 모든 토큰들을 규제한다면 플랫폼 블록체인에게는 큰 리스크이기도 하다.

언론사들과 인터뷰를 한 것을 찾아보면 게리 겐슬러는 90년대의 인터넷이 대중화되었을 때 이 기술을 공공 규제안으로 들어오게 만든 노력이 있었기 때문에 현재까지 발전하고 없어지지 않았던 것처럼 블록체인도 그렇게 되어야 한다고 생각하는 것 같다. 물론 게리 겐슬러는 블록체인의 기술이 흥미롭고 핀테크의 엄청난 변화로 지불 시스템을 다시 생각해볼 만한 획기적인 기술이라고 언급하기도 했다. 그렇기 때문에 MIT에서 몇 년 동안 이 기술을 가르치고 공부했었으며 이 시스템을 약화시키지는 않을 것이라고도 말했다. 하지만 어떤 것을 과장하면서 파는 것은 인간의 본성이며 이런 것들을 막는 것이 미국 증권거래위원회의 일이라고 말하기도 했다. 현재 암호화폐 시장에는 5 ~ 6천 개의 서로 다른 프로젝트들과 토큰들이 존재하는데 이 토큰들을 서로 거래할 수 있는 플랫폼도 존재한다는 것을 문제 삼았다. 이러한 플랫폼에는 몇 백개에서 몇 천 개의 토큰들이 거래되는데 그중에는 증권이 있다는 것이다. 이러한 플랫폼들은 증권을 거래하는 것이기 때문에 미국 증권거래위원회에 와서 등록하고 투자자들을 보호해야 한다는 언급을 했으며 미국 증권거래위원회는 계속해서 관련된 시행령을 발표할 텐데 이런 플랫폼들에 문제가 생길 것이 두렵게 느껴진다라는 강한 우려도 언급하기도 하였다.

정부의 입장에서는 충분히 고민할 만하다고 생각한다. 하지만 암호화폐 업계의 입장에서는 답답하게 느낄 부분도 있다. 일단 몇 백개에서 몇 천 개의 토큰들이 거래되는 곳은 유니스왑 같은 탈중앙화 거래소이다. 플랫폼 블록체인에 돌아가는 앱은 실질적인 주체가 없기 때문에 누구든지 토큰을 만들면 유니스왑 플랫폼에 추가해서 거래가 되도록 만들 수 있다. 아무도 상장심사를 하지않고 사용자에 의해 돌아가는 탈중앙화 거래소이기 때문에 유니스왑 개발팀이 미국 증권거래위원회에 등록하는 것이 정확한가 싶기도 하다. 또한 유니스왑 홈페이지의 인터페이스에서 증권형 토큰은 전부 안 보이게 하더라도 이더리움 블록체인에 올라와있는 유니스왑의 스마트 컨트랙트를 사용하면 결국 거래가 되는 것이기 때문에 홈페이지에서 막는 것은 눈 가리고 아웅하는 격이다. 거기다가 이러한 증권법 때문에 쓸모없는 토큰들이 많이 생겼다. 토큰을 가지고 있는 사람에게 배당을 하는 행위는 증권에 속하기 때문에 미국의 규제를 피하기 위해서 배당은 제외한 거버넌스형 토큰들이 많이 나오게 되었다. 거버넌스형 토큰은 프로젝트의 방향을 토큰의 투표로 결정할 수 있는 기능을 가지고 있는데 대부분의 프로젝트는 거버넌스 토큰 보유자의 참여율이 매우 저조하다. 몇몇 프로젝트는 본인들의 앱에서 나오는 수익은 모두 회사가 가져가지만 토큰은 거버넌스 토큰을 발행해 프로젝트의 방향을 투자자들에게 맡기기도 한다. 만약 수익과 거버넌스의 기능이 전부 토큰에 들어가 있다면 더욱 참여율이 높았을 것이며 완전 탈중앙화 된 앱으로 변화하기도 쉬웠을 것이다. 하지만 규제를 피하려다 보니 이상한 특성만 가진 토큰들이 만들어지게 되었던 것 같다. 2022년부터는 점점 미국 증권거래위원회의 시행령이 나올 테니 애매모호하지 않고 암호화폐 시장에 맞는 규제가 나오기를 기대해야 한다. 만약 시장의 생각보다 너무 강한 규제가 나오게 된다면 플랫폼 블록체인 관련 투자를 한 투자자들은 게리 겐슬러의 말처럼 크게 피해볼 수 있는 가능성도 크다.

미국뿐만 아니라 여러 나라의 규제안들이 나오게 될 것이고 우리나라도 규제안이 점점 나오겠지만 우리나라 정부 규제 대신에 미국 정부 규제를 예로 삼은 하나의 이유는 암호화폐가 너무 정치화되어 있기 때문이다. 시행령들의 찬반이 규제안의 내용보다 어느 쪽을 지지하는지가 더 중요한 이때 다른 나라의 예를 들면 좀 더 중립적으로 생각할 수 있지 않을까 생각했다. 위의 예처럼 정부의 입장과 시장 참여자의 입장이 너무 다른 시점에서 가장 알맞은 규제안을 내놓기 위해서는 많은 토론이 필요하다. 알맞은 규제는 인터넷처럼 블록체인으로 많은 먹거리를 만들어 낼 수 있다.

| 아직 낮은 시장의 성숙도 |

3년 전쯤 한 디파이 프로젝트에서 일을 한 적이 있다. 미국 스타트업이었고 여러 언어를 지원했기 때문에 앱을 출시할 때 국내 언론사들과 접촉할 기회가 있었다. 코인을 발행한 디파이도 아니었고 플랫폼 블록체인에서는 정말 빨랐던 디파이 앱이었기 때문에 한글화 작업을 하고 많은 사람들이 사용하면 좋겠다는 마음으로 여러 언론사에 연락을 돌렸었다. 많은 곳에서 잘 들어주시기도 하고 기사도 써주시는 곳도 있었지만 그중 어떤 언론사는 PDF 파일을 보내주기도 했다. 어떤 기사는 얼마고 어떤 프로모션은 얼마인지가 나오는 PDF 파일이었다. 물론 언론사 이메일을 사용하지 않고 마케팅 외주를 써서 답장을 보낸 경우이기는 하지만 기사 당 약 3백만 원을 요구하는 것은 적잖이 충격이었다. 물론 한국만의 문제는 아니었다. 2018년도의 일이니 지금은 많이 바뀌었을 수도 있다.

개인적으로 운영하는 코인트레이너 유튜브 채널도 지금은 구독자가 만 명이 넘었지만 구독자가 천 명 이전일 때부터 광고가 들어오기 시작했다. 유튜브에 광고를 하는 것은 자연스러운 일이지만 대부분이 코인 관련 광고라는 것이 문제다. 지금까지는 광고를 수락한 적이 없어 어떤 것을 대가로 받는지 정확히는 모르지만 대부분은 유튜브 채널에 광고를 해주면 프로젝트의 토큰을 받는다는 제의이다. 디파이 프로젝트에서 일할 때 프로젝트의 토큰을 상장시켜주면 토큰을 주겠다고 했던 이메일들을 일주일에도 몇십 개씩 받던 그때와 지금 별반 다르지 않아 보인다. 유튜브 채널에서 코인을 광고해달라는 이야기는 내가 받은 코인을 더 비싼 값에 사줄 사람을 찾으라는 말과 같다고 생각한다. 하지만 광고하려는 대부분의 코인은 토큰 이코노미가 매우 약해 쉽게 하락하는 경우가 많다.

    정말 쓸모없는 코인에도 시가총액이 높은 이유는 투자자들 덕분이다. 프로젝트들은 코인에 한 푼도 투자하지 않는 경우가 많지만 코인을 사용해서 광고도 하고 상장도 하고 유동성을 제공하는 사람에게 돈도 쥐어준다. 꿈과 희망을 팔아 투자하는 사람들이 생기고 코인들이 거래가 되고 가격도 형성되었지만 나쁜 프로젝트들은 열심히 개발을 하기보다는 마케팅에만 집중한다. 마케팅은 프로젝트의 개발을 알리는데 매우 중요하다. 하지만 본인들의 앱을 마케팅하는 것이 아니라 이 코인이 왜 오를 수밖에 없는지의 마케팅을 만들어낸다. 여기서 나오는 비용은 몇 천만 원이든 몇 억원이든 본인들의 돈이 아니기 때문에 거리낌 없이 낼 수 있다. 그러다가 거래가 많이 되는 거래소에 상장하게 되면 갑자기 코인에 대한 수요가 몰려 코인의 가격은 상승하고 프로젝트는 칭찬을 받는다. 코인을 발행한 회사의 커뮤니티에 들어가 보면 투자자들은 하루도 빠짐없이 언제 메이저 거래소에 상장하는지의 글을 올리고 있다. 그러다 보니 나쁜 프로젝트들은 프로젝트의 성공보다 거래소 상장이 더 중요한 목표가 되게 된다. 이 시장에서 피해 보는 것은 코인을 투자하는 사람들이다. 프로젝트의 가장 큰 임무가 메이저 거래소의 상장이기 때문에 추후에 메이저 거래소가 상장 폐지를 한다면 토큰들이 -80%까지 가격이 하락하기도 한다.

    이러한 프로젝트들이 많아지다 보니 상장을 하고 상장을 폐지를 결정할 수 있는 메이저 거래소들은 힘이 너무 강해졌다. 상장 심사는 외부기관에 의해하는 것이 아니라 내부적으로 하는 경우가 많으며 매수 매도에 유동성을 불어넣는 마켓 메이킹도 내부적으로 하는 경우도 있다. 마켓 메이킹을 내부적으로 한다는 말은 실제의 코인은 가지고 있지 않지만 서버의 숫자를 조작해서 거래를 시킬 수도 있다는 뜻이기도 하다. 현재는 많은 거래소들이 규제안으로 들어갔고 한국의 경우도 그렇기 때문에 내부적인 마켓 메이킹은 하지 않겠지만 여전히 상장 심사는 내부적으로 처리한다. 해외의 메이저 거래소중에는 마진거래를 지원하는 경우도 많으며 이 경우에도 거래소의 권한이 너무 강하다. 어느 가격까지 떨어지거나 올라가면 마진 거래가 연쇄적으로 청산당하는지의 정보를 전부 가지고 있기 때문에 이런 정보는 사용하지 않거나 외부에 알리지 않을 것이라는 믿음을 갖고 마진 거래를 해야 한다. 하루에 몇백조 원의 단위로 거래되는 코인 시장에서 중앙화 거래소들이 가지는 힘이 너무 크기 때문에 힘을 조금 줄이는 방향으로 가야 한다고 생각한다. 적어도 상장 심사나 상장에 대한 기준은 거래소 외에서 진행해 프로젝트와 거래소의 고리를 끊어내야 암호화폐 시장의 거품을 더 줄일 수 있을 것 같다고 생각하지만 아쉽게도 이러한 움직임을 보이는 나라는 없는 것 같다. 지금과 그대로 간다면 계속해서 상장하는 과정에서 돈을 줬느니 안 받았느니의 같은 잡음이 흘러나올 것이라고 생각한다.

암호화폐와 블록체인 시장에는 긍정적인 부분이 매우 많지만 이처럼 부정적인 부분도 많다. 현재 암호화폐 시장의 본질적인 문제가 어디에 있고 어디에서 거품이 만들어지고 있는지를 계속해서 언급하는 것이 암호화폐 관련 언론들이 해야 할 역할이라고 생각한다. 암호화폐 생태계는 수준이 더 올라가야 하며 그전에 암호화폐 시장을 참가하려는 사람은 코인판의 어글리한 면을 충분히 이해하고 들어가야 한다.

| 플랫폼 블록체인의 경쟁 |

개인적으로는 블록체인은 크게 두 가지 형태로 시장에 존재한다고 생각한다. 하나는 지금까지 이야기해왔던 플랫폼형 블록체인이고 또 다른 하나는 가치저장의 특성을 가진 지불 시스템의 블록체인이다. 후자의 예로는 비트코인이나 도지코인, 라이트코인 같이 PoW 시스템을 사용하며 블록체인이 지불 시스템의 네트워크로 사용되는 것들을 말한다. 이들은 총물량이 정해져 있거나 또는 일정한 물량으로만 발행되어 시간이 갈수록 인플레이션이 줄어가는 특징을 가진다. 이들의 블록체인은 스테이킹이나 앱 같은 기능이 없기 때문에 내재가치가 플랫폼 블록체인보다 약할 수 있지만 블록체인의 본질은 커뮤니티이기 때문에 커뮤니티가 가장 큰 비트코인은 아직도 블록체인의 점유율중 40% 가까이를 차지하고 있다. 커뮤니티의 특징은 어느 정도 규모가 넘어가면 제한선까지는 규모가 커지는 속도가 빨라진다는 점이며 주변의 작은 커뮤니티를 흡수한다는 점이다. 그렇기 때문에 지불 시스템의 블록체인으로는 비트코인을 앞서는 것이 거의 불가능하다. 하지만 비트코인의 커뮤니티가 아무리 크더라도 플랫폼 블록체인의 경쟁으로는 뛰어들 수가 없다. 비트코인이 가지고 있다는 장점은 안전하다는 것이다. 블록이 만들어지는 것이 매 10분이기 때문에 매우 느리고 사용하기에 불편하다. 그래서 안전하다. 하지만 플랫폼 블록체인에서는 그대로 10분의 블록타임을 가질 수 없으니 비트코인이 플랫폼 블록체인의 경쟁으로 뛰어든다는 이야기는 네트워크를 전부 다 뜯어고쳐야 되다는 뜻이다. 이미 금과 비슷한 지위를 얻고 있는 네트워크가 그런 위험한 모험을 할리가 없다. 비트코인은 최대한 맨 밑의 레이어로 놓고 그 위를 쌓아서 많을 것을 이루려고 노력 중이지만 비트코

인 레이어 바로 위에 쌓으려는 라이트닝 네트워크도 실망스러운 결과를 보여주고 있기 때문에 비트코인 블록체인이 플랫폼 블록체인의 범주로 들어오는 것은 힘들 것이라고 생각한다.

가장 큰 커뮤니티가 존재함에도 불구하고 플랫폼 블록체인의 니즈를 충족시키지 못했으니 수많은 플랫폼 블록체인이 나오는 것은 당연한 일이었다. 2017-2018년도에는 플랫폼 블록체인들이 이더리움을 필두로 우후죽순 생겼기 때문에 누가 플랫폼 블록체인을 통일할 수 있을지 또는 복수의 플랫폼 블록체인이 나눠서 존재할 지의 그림을 그리기가 쉽지 않았다. 하지만 5년이 지난 2021년도에는 윤곽이 보이기 시작했다. ICO, 디파이, NFT 등이 전부 이더리움 블록체인이 나왔고 커뮤니티는 계속 커지는 중이다. 그러면서 이더리움은 점점 플랫폼 블록체인의 허브로 자리 잡아가고 있다. 예를 들면 다음과 같다. 이더리움 블록체인에서 NFT를 만들고 사람들이 발행하고 선물로 나눠주고 할 때 엄청나게 많은 돈이 들어간다. 이더리움의 가스 값이 너무 높기 때문에 선물로 NFT를 만들어 몇 백 명한테 나눠주려 해도 몇 백만 원이 넘게 들어간다. 하지만 이더리움 블록체인 바깥에서 NFT를 만들고 나눠준다면 몇 천원도 들지 않는다. 그러면 이더리움 블록체인 바깥에서 NFT를 만드는 것이 더 효율적인 방법이지만 NFT를 발행하는 숫자는 이더리움 블록체인에서 압도적으로 더 많이 발생되고 있다. 이더리움 블록체인은 이미 큰 커뮤니티를 가지고 있고 안전하기 때문에 돈이 더 들더라도 이더리움 블록체인에서 발행시키는 게 NFT를 더 가치 있게 만들 수 있다고 인식되기 때문이다. 이처럼 새로 생기는 NFT 자산들은 또다시 이더리움 블록체인에서 만들어지고 있기 때문에 이더리움 블록체인은 계속해서 자본의 뿌리를 만드는 역할을 할 것이라고 생각한다.

하지만 플랫폼 블록체인은 지불 시스템의 블록체인과 다르게 활용성이 너무 광범위하다. 또한 무한대로 트랜잭션을 수용할 수 있어야 하기 때문에 아무리 이더리움 블록체인이 샤딩까지 업데이트를 완수하더라도 역부족이다. 레이어 2의 롤업 블록체인들뿐만 아니라 수많은 플랫폼 블록체인들이 이 네트워크에 연결될 것이다. 지금도 솔라나, 루나, 카르다노, 테조스등등 상위권의 플랫폼 블록체인들은 이더리움 블록체인과 연결을 하는 브릿지 기술을 만들었거나 만들고 있다. 이더리움 블록체인에 하나의 스마트 컨트랙트를 만들고 이 컨트랙트에 토큰을 보내면 이더리움 블록체인 안에서는 묶이지만 묶인 토큰은 그들의 블록체인에서 그대로 생성시키는 방식이다. 반대로 그들의 플랫폼 블록체인에서도 특정 스마트 컨트랙트에 해당 토큰을 보내면 이더리움 블록체인에 묶여있던 토큰들이 풀리게 되면서 하나의 토큰은 두 개의 블록체인을 자유롭게 넘나들 수 있다. 심지어 비트코인도 비슷한 방식으로 이더리움 블록체인과 왔다 갔다 할 수 있다. 비트코인으로 디파이나 NFT에 참가하기 위해서이다. 위와 같은 브릿지용 스마트 컨트랙트를 보면 얼마나 많은 토큰들이 이더리움 블록체인에서 빠져나갔고 어떤 블록체인들로 얼마만큼 자본이 빠져나갔는지 볼 수 있다. 이것을 TVL(Total Value Lock)이라고 한다. 롤업 체인과 폴리곤의 TVL이 가장 높은 편인데 그 이유는 이더리움 블록체인의 환경과 매우 비슷하기 때문이다. 앱들이 쉽게 이주할 수 있고 사용하는 암호화폐 지갑도 같다. 하지만 예외적으로 솔라나 블록체인의 TVL도 높은 편에 속했는데 솔라나 블록체인은 개발 환경도 다르고 지갑도 다르다. 그럼에도 불구하고 솔라나가 높은 TVL을 가질 수 있었던 이유는 솔라나의 블록타임 때문이다.

  이더리움 블록체인에서 자본이 빠져나간다는 말은 이더리움 블록체인에서 충족할 수 없었던 어떤 기능이 다른 블록체인에서는 충족되었다는 것을 뜻한다. 대부분의 플랫폼 블록체인들이 브릿지 솔루션을 제공하면서 내걸었던 기능은 "우리는 수수료가 싸다"이다. 하지만 냉정하게 말하자면 그들 블록체인들이 싼 이유는 그만큼의 수요가 없어서이다. 이더리움에서 사용되는 트랜잭션을 다른 블록체인에 넣으면 그대로 그들의 블록체인이 비싸진다. 아직도 확장성을 제대로 해결한 플랫폼 블록체인은 없다. 따라서 수수료가 싼 것은 이더리움 블록체인에서 필요한 기능이지만 그것만으로는 자본의 이동이 일어나지 않는다. 하지만 솔라나의 경우 하나 더 필요한 기능을 제공했기 때문에 다른 블록체인들보다 더 많은 자본을 이더리움 블록체인에서 가져오고 있다. 바로 블록타임인데 새로운 블록이 생성하는 시간이 약 500ms, 0.5초의 시간밖에 걸리지 않기 때문에 이더리움 블록체인의 15초 블록타임과 비교하면 30배가 빠르다. 이더리움 2.0의 블록타임(슬롯 타임)도 매 12초이다. 확장성이 증가한다는 것은 블록의 크기를 키우거나 트랜잭션의 양을 줄이는 것이기 때문에 블록타임에는 영향을 끼치지 않는다. 솔라나 블록체인은 이더리움 블록체인의 허브와 연결해서 블록타임이 짧은 기능을 계속해서 제공 할 것이다. 예를 들면, 오더북 형식의 탈중앙화 거래소가 이 기능이 필요하다. 중앙화 거래소들이 사용하는 모델이 오더북 형식의 거래소이다. 이더리움 블록체인에서는 오더북 형식의 탈중앙화 거래소들이 많이 나왔었지만 전부 실패했고 결국 유니스왑의 AMM형식의 거래소가 메인이 되었다. 앞으로 확장성이 많이 해결되더라도 오더북 형식의 거래소들이 이더리움 블록체인에서 나오기는 어렵다고 생각한다. 블록타임이 15초이기 때문에 코인을 사면 15초 뒤에 사지는 경우가 있기 때문이다. 업비트에서 구매를 누른 뒤 15초 뒤에 구매가 시작된다고 뜨면 사용자는 에러가 났다고 생각할 것이다. 하지만 0.5초의 블록타임은 0.5초 뒤에 구매가 되도록 만들 수 있다. 오더북 형식의 탈중앙화 거래소가 솔라나 블록체인에서는 충분히 잘 돌아갈 수 있다는 뜻이다. 오더북 형식의 거래가 더 편한 투자자들은 이더리움 블록체인에서 솔라나 블록체인으로 넘어와 사용할 것이다.

하지만 솔라나 블록체인은 허브가 되기 힘들다. 커뮤니티의 규모가 작은 것도 있지만 노드의 사양이 높아 노드의 개수가 많이 늘어날 수 없으므로 구조상 이더리움만큼 안전하진 않다. 블록체인 자체가 과부하로 인해 멈추는 것을 보여주기도 했다. 만약 솔라나 블록체인이 허브인 상태에서 블록체인이 멈췄다면 허브와 연결된 모든 블록체인에게도 피해가 갈 것이다. 따라서 가장 안전한 구조를 가지는 플랫폼 블록체인이 계속해서 허브의 역할을 할 가능성이 크다. 만약 암호화폐 시장에 투자하는 것 자체가 충분히 리스크가 있다고 판단하는 투자자 중 플랫폼 블록체인이 앞으로 계속 커진다고 예상한다면 허브인 이더리움 블록체인에 관련된 투자를 하는 것이 가장 안전하다고 생각한다. 하지만 솔라나 블록체인처럼 이더리움 블록체인이 구현할 수 없는 기능을 충족시키는 블록체인이 앞으로도 계속해서 나올 것이고 이들이 이더리움 블록체인과 연결되어 성장하는 모습을 볼 수 있을 것이다. 따라서 암호화폐 시장에 참가하면서 리스크가 높지만 높은 수익을 추구하는 투자자라면 이러한 플랫폼 블록체인을 찾는 것이 하나의 방법일 수 있다.

| 블록체인에서의 업데이트 |

블록체인은 더하는 기술이다. 빼거나 변경할 수 없다. 하지만 블록체인들은 너무 초기 버전들이기 때문에 업데이트가 필요하다. 변경되지 않는 블록체인을 업데이트해야 되기 때문에 포크라는 방식이 사용된다. 새로운 블록을 형성할 때 기존 블록체인의 블록이 아니라 따로 블록을 생성시켜 블록체인을 두 갈래로 쪼개는 것이다. 이해가 어려울 수 있으니 비유적으로 예를 들자면 다음과 같다. 영원히 멈추지 않는 기차의 바퀴를 교체해야 하는데 멈춰서 바꿀 수 없으니 똑같은 기차를 복사해서 바퀴를 교체한 후 어느 시점에서 기찻길을 두 갈래로 나누면서 바퀴를 교체한 기차도 달리게 하는 것이 포크이다. 이제 두 개의 기차가 영원히 달리게 된다. 하드 포크라고 부르는 이 포크는 보통 시장에서는 좋지 않은 것으로 인식되곤 한다. 네트워크는 네트워크 참여자의 숫자가 많을수록 참여자의 교류가 점점 늘어나게 되는데 이게 반으로 갈라지게 되면 네트워크 효과는 반 이상 절감되기 때문이다. 네트워크에 3명의 참가자가 있다면 3번만 교류되겠지만 4명의 참가자가 있다면 4번의 교류가 아니라 6번의 교류가 일어나게 되는 것처럼 네트워크의 교류는 네트워크가 커질수록 N(N-1)/2로 늘어나게 된다. 메칼프의 법칙으로 많은 시장 참여자들이 네트워크의 가치를 산정할 때 사용하기도 한다. 하드 포크가 가져오는 하나의 문제점은 기본값이 있다는 것이다. 사용자는 기존의 것과 업데이트된 것 중 하나를 골라서 사용하면 되는데 아무것도 하지 않고 가만히 있으면 기존의 것을 사용하게 된다는 점이다. 아무래도 가만히 있는 사람은 항상 존재하고 업데이트하려는 사람들도 존재하니 네트워크가 갈라지겠구나라는 불안감이 시장에 만들어진다. 이더리움 같은 블록

체인은 기존의 블록체인에 디피컬티 밤을 집어넣어 기존의 기차를 멈추게 하고 새로운 기차가 두 개가 나오도록 해 사용자는 가만히 있을 수 없고 무조건 둘 중에 하나를 선택하게끔 만들어 기본값을 없애는 방식을 취하고 있다.

하드 포크의 특성이 네트워크 효과에는 안 좋다고는 할 수 있지만 개인의 입장에서는 긍정적인 역할도 있다. 바로 따라가지 않아도 되는 자유를 준다는 점이다. 블록체인 이전에는 없던 자유이다. 게임에서 업데이트를 하더라도 정치인이 법안을 바꾸더라도 사람들에게는 따라가지 않아도 되는 자유는 없었다. 내가 좋으면 기존의 버전을 계속해서 쓸 수 있는 특성은 이전에는 없던 것이다. 이 특성은 블록체인의 앱에서도 나타난다. 블록체인은 더하기만 할 수 있기 때문에 앱을 만들고 업데이트하기 위해서는 또 다른 앱을 내놓아야 한다. 시장에는 두 가지의 앱이 존재하게 되며 어떤 앱을 사용할 것인지는 사용자에게 달려있다. 사용자는 기존의 앱을 사용할 자유를 가지고 있다. 따라서 적자를 감수하고 사용자를 확보한 후 추후에 여러 가지 서비스를 도입해 적자를 만회하는 전통적인 플랫폼의 생존방법이 블록체인에서는 더 이상 먹히지 않는다는 것이다. 광고를 단 버전을 업데이트한다면 사용자는 기존의 앱을 사용할 것이다.

하지만 자유에는 책임이 따른다. 아무리 좋은 업데이트이다 하더라도 기존의 앱에 익숙해진 사용자들은 바꾸려고 하지 않는다. 유니스왑이 좋은 예이다. 유니스왑은 V2에서 AMM을 들고 나와 엄청난 성공을 일으켰다. 그 이후 V3가 나오고 개인적으로는 V3도 엄청난 성공을 일으키고 모든 V2의 사용자가 V3로 옮겨오겠구나라고 생각했지만 오산이었다. 유니스왑 V3는 2021년 5월에 출시되었지만 6개월이 넘은 현재도 V2의 TVL이 V3의 TVL보다 높다. 유니스왑의 V2는 5조 원, V3는 4조 원의 TVL를 가지고 있다. 만약 하나의 앱만 존재하고 모든 TVL이 V3에 묶여있다면 유니스왑 V3는 더 많은 거래량을 만들어 낼 수 있었을 것이지만 업데이트를 한 탈중앙화의 앱은 하나로 존재할 수 없다. 만약 하나의 프로젝트가 많은 앱을 블록체인에 출시한다면 그만큼 사용자들이 갈라질 것이므로 프로젝트는 처음 버전을 출시하는데 매우 신중해야 한다. 블록체인과 블록체인의 앱의 업데이트는 기존의 업데이트와 매우 다르기 때문에 시장 참여자들도 이것을 이해하는 게 중요하다.

| 온 체인 데이터 |

코인을 투자하는 사람들 중 상당수는 차트를 보면서 트레이딩을 한다. 변동성이 크고 가격의 흐름을 파악하기가 쉽지 않기 때문에 차트를 사용해 흐름을 읽고 트레이딩 하려는 경우이다. 하지만 암호화폐 시장은 주식보다 더 큰 변동성을 가지고 있기 때문에 차트만으로는 가격의 흐름을 읽어내는 것이 쉽지 않다. 있다고 하더라도 상위 트레이더들에게만 가능한 이야기이다. 2017년 200만 원이 넘었던 이더리움이 3년간 -90%가 넘는 하락률을 보인 것을 보면 차트로 가격 흐름을 파악하는 것은 보통 트레이더들은 가능하지 않다고 생각한다. 기업들도 물리는 나름 공정한 시장에서 차트 이외의 더 많은 지표들을 살펴보아야 한다. 블록체인에서 일어나는 모든 정보는 공개되어 있다. 다만 그 수가 너무 많고 보기 좋게 정리를 하는 데에는 쉽지가 않기 때문에 글라스노드나 크립토퀀트같은 블록체인 데이터를 제공하는 사이트들을 사용하는 것도 좋은 방법이다. 유료인 데이터도 있고 실시간 데이터를 보기 위해서는 돈을 지불해야 하지만 대략적인 흐름을 파악하는 데에는 무료 계정으로도 볼 수 있는 데이터가 꽤 있다.

블룸버그 같은 투자은행에서도 이러한 온 체인 데이터를 바탕으로 가격에 대한 전망을 발표하곤 하는데 보통 어떤 데이터를 참고하는지 이야기를 한다면 온 체인 데이터에 대해서 더 많이 이해할 수 있을 것 같다. 첫 번째는 지갑 주소의 사용자 수이다. 블록체인의 기반은 네트워크이기 때문에 얼마나 많은 사용자가 블록체인을 사용하는지가 블록체인의 가치를 나타낸다. 블록체인의 사용자는 지갑 주소를 만들고 사용해야 하기 때문에 지갑의 총계정이 얼마나 늘어나는 지의 데이터를 참고하기도 한다. 개인당 여러 개의 지갑 주소를 생성할 수도 있기 때문에 활성 사용자 수가 얼마나 늘어나는지 참고하는 사람도 있다. 활성 사용자의 기준은 온 체인 데이터를 제공하는 사이트마다 다르지만 보통 정해진 기간 내에 트랜잭션을 발생시키거나 토큰을 받게 되면 활성 사용자에 포함된다. 블록체인의 활성 사용자가 늘어날 경우 해당 블록체인의 기축 코인도 길게 보면 가격이 상승하는 경우가 많다. 그래서 새로운 블록체인을 판단할 때 활성 사용자의 숫자와 다른 블록체인의 활성 사용자의 숫자를 비교해 적절한 가치를 예상하기도 한다.

지갑의 주소만큼 많이 참고되는 온 체인 데이터는 거래소 지갑의 수량이다. 특히 거래량이 많이 나오는 메이저 거래소의 지갑을 계속해서 모니터링하는 경우가 많은데 그 이유는 메이저 거래소 지갑에 비트코인이 계속해서 입금된다면 비트코인의 매도 물량이 많아질 테니 비트코인이 하락한다는 예상을 할 수 있기 때문이다. 반대로 1달러의 가치를 가지는 스테이블 코인이 메이저 거래소 지갑에 계속해서 입금된다면 비트코인이나 그 외의 코인들을 구매할 것이기 때문에 비트코인의 매수 물량이 많아질 테고 비트코인이 상승할 것을 예측할 수 있다. 이 것을 반대로 이용해서 입금을 하고 매도 물량을 받아먹는 큰손들도 나오기도 하고 최근에는 탈중앙화 거래소의 유동성도 늘어나 입금을 하지 않고도 매수, 매도를 하기 때문에 항상 맞다고는 할 수 없는 지표지만 아직도 많은 투자자들이 참고하는 지표이다.

또 다른 하나는 투자자의 특성을 온 체인 데이터로 체크할 수 있다. 보통 단기 투자자의 경우 가격 변동성에 잘 못 견디는 특성을 가지고 있으며 장기 투자자의 경우는 단기 투자자 대비 잘 매수 매도를 하지 않는 경향이 있다. 비트코인 기준 얼마나 많은 물량이 1년 이상 또는 몇 년 이상 움직이지 않았는지 확인할 수 있으며 이 것의 기준으로 단기 투자자와 장기 투자자들을 나눌 수 있다. 보통 단기 투자자들 대비 장기 투자자들의 보유 물량이 늘어날수록 매수를 하기 좋은 타이밍으로 가져하는 투자자들이 있다. 반대로 장기 투자자들의 보유 물량이 적어지는 경우와 장기 투자자들의 숫자가 줄어드는 경우도 참고한다.

코인은 주식과 달리 기업가치가 없기 때문에 가치를 판단하기가 쉽지 않다. 하지만 네트워크의 사용자 숫자로 판단하는 방법도 있으며 플랫폼 블록체인의 경우 스테이킹으로 벌어들일 수 있는 보상의 값으로도 매겨질 수도 있다. 아직 대부분의 블록체인은 개발 중인 상태이기 때문에 코인을 적정한 가치로 판단하기가 힘든 것은 사실이지만 적정한 가치를 산출하는 방법이 계속해서 나올 것이다. 초기 자동차가 나올 때 기차의 가치로 오판을 해 쓸모없는 것으로 여겨진 것처럼 새로운 기술이 나오면 기존의 방법으로 가치를 판단하는 것이 아니라 새로운 가치를 어떻게 판단할 것인지 고민하는 게 더 중요하다고 생각한다.

| 사이클과 분할 매수/매도 |

최근 암호화폐의 가격이 오르니 주변에도 코인을 사야 되는지 물어보곤 한다. 하지만 조정이 오면 또 잠잠해질 질문들이다. 암호화폐 시장은 누구나 알고 있는 사이클이 존재한다. 비트코인 반감기 기준으로 1년간은 상승하고 3년 가까이는 하락하는 사이클을 말한다. 4년간의 주기를 가지고 오르락내리락하였으며 상상할 수 없을 정도로 상승했고 하락하기도 했다. 물론 이 사이클은 언젠가는 없어질 것이라고 생각한다. 비트코인의 점유율은 점점 적어지고 있는 중이기 때문에 비트코인의 반감기의 이슈는 점점 영향력이 줄 것이며 블록체인의 대중화가 시작되거나 암호화폐의 현물 ETF들이 세계 각국에서 시작되면 사이클은 없어질 것이다. 따라서 이전에 반복되었던 사이클은 이제 더 이상 볼 수 없을지도 모른다는 생각을 항상 가지고 있어야 한다. 사이클에 대한 맹신을 하는 순간 큰돈을 잃을 수도 있다.

혹여나 이전과 비슷한 사이클이 와서 몇 십배가 상승하고 90% 이상 하락하는 엄청난 사이클을 경험하게 된다면 하나는 주목해야 한다. 4년마다 오는 사이클의 최저점은 계속해서 높아지고 있다는 점이다. 코로나로 인해 주식시장이 하락할 때 암호화폐 시장도 엄청나게 하락했었지만 상위권의 암호화폐들은 2016년의 최저점보다는 높은 가격을 보여주었다. 비트코인 기준, 비트코인을 4년의 주기로 투자했다면 지난 10년간 어느 시점에 투자를 했어도 손해를 보지 않았다. 그렇지만 비트코인을 이번 사이클 정점에서 구매하고 비슷한 사이클이 온다면 하락폭이 너무 깊을 것이기 때문에 견뎌내기가 쉽지 않다. 보통 암호화폐의 대세 하락기가 대세 상승기보다 길었기 때문에 암호화폐로 인해 돈을 번 사람들보다 잃었던 사람들이 훨씬 많다. 그렇다고 저점을 기다리기엔 등락폭이 너무 크고 저점은 계속해서 올라가고 있기 때문에 저점을 맞춘다는 것은 사실상 불가능하다.

따라서 암호화폐와 블록체인을 잘 모른다면 절대 투자하지 말라고 조언하고 싶다. 사이클은 언제나 바뀔 수 있는 것이고 계속해서 사이클이 일어난다 하더라도 더 높은 사이클을 계속해서 만들어 내기 위해서는 투자하는 블록체인의 네트워크가 계속해서 커져가는 것을 확신할 수 있어야 한다. 만약 암호화폐와 블록체인을 잘 아는데도 불구하고 등락폭으로 스트레스를 많이 받는다면 이런 케이스도 투자하지 마시라고 조언하고 싶다. 하루에 5 - 10%는 쉽게 하락하더라도 스트레스를 받지 않아야 한다. 암호화폐 시장은 빠른 성장이 이뤄지는 곳이기 때문에 굳이 본인의 돈을 투자하지 않아도 코인이나 토큰을 얻을 수 있는 방법이 꽤 있다. 직접 코딩이나 디자인을 도와 프로젝트에서 보상을 받거나 번역 및 마케팅을 도와서 코인이나 토큰을 벌어가는 방법도 있다. 베타 테스트를 하고 보상을 받는 것도 하나의 방법이다. 성장이 많이 이뤄지고 있고 엄청난 경쟁이 이뤄지는 곳에서는 기회도 많으니 이런 방법으로 암호화폐에 참가 할 수 있을 것 같다. 이렇게 받은 토큰들의 가치가 5 - 10% 하락하더라도 무료로 받은 것들이기 때문에 스트레스가 덜 할 수 있다.

그럼에도 투자하시려는 분들은 언제 사는지와 무엇을 사는지가 중요한 것 같다. 등락폭이 커서 저점을 맞추기 어려운 시장에서 저점은 계속해서 높아지고 있으니 분할해서 투자하면 등락폭의 중간지점에서는 맞출 수 있다. 따라서 모든 돈을 한 시점에서 투자하는 것보다 분할 매수를 해 간다면 최고점에서 구매하는 것을 피할 수 있고 장기간 투자해 대세 상승기와 하락기를 몇 번 거쳐가 현재 사이클의 등락폭의 중간보다 미래의 저점이 더 높아지도록 하는 것이 안전하게 투자하는 방법 중에 하나라고 생각한다. 암호화폐 자체가 리스크가 있는 투자이기 때문에 투자법도 리스크가 있다면 너무 큰 리스크를 갖는다고 생각한다. 특히 플랫폼 블록체인들은 확장성을 그들의 로드맵대로 발전시켜야 하는데 원하는 대로 개발이 되지 않거나 해당 플랫폼 블록체인이 대중화되지 않는다면 결국 쓸모없는 네트워크가 될 것이다. 따라서 네트워크의 성장이 이뤄진다는 전제하에 분할매수를 한다면 지금 당장 시작해도 좋다고 생각한다. 오늘의 가격이 등락폭의 어느 지점에 해당하는지는 아무도 모르기 때문이다. 물론 이번 대세 상승기에 너무 가격이 올랐다는 생각이 든다면 대세 하락기를 기다리는 것도 방법이다.

투자한 블록체인이 계속해서 성장을 이뤄내고 있다는 가정에서 투자하는 것이니 투자하고 있는 블록체인이 계속해서 성장할 수 있는지 계속해서 공부하고 알아봐야 한다. '플랫폼 블록체인의 경쟁' 챕터에서 언급했던 것처럼 1세대인 가치 저장 수단의 블록체인인 비트나 2세대인 플랫폼 블록체인의 허브 격인 이더 같은 경우는 이미 많은 사람들이 투자하고 있으니 공부할 자료나 성장하고 있는지의 지표를 쉽게 얻을 수 있는 장점이 있다. 3세대의 블록체인도 많이 언급되고 있지만 2세대의 블록체인들과 사용성이 그다지 다르지 않기 때문에 마케팅 용어라고 생각한다. 그럼 결국 1세대 또는 2세대의 블록체인이 투자처인데 1세대의 비트코인만큼 이더리움이 90% 이상 선점한 시장은 아니라는 점과 1세대의 블록체인과 달리 2세대의 블록체인은 사용성이 매우 넓어 2-3위의 플랫폼 블록체인도 사용될 수 있는 여지가 있다는 점에서 2세대의 블록체인에 더 많은 기회가 있을 것이라고 생각한다. 현재 이더리움에서 디파이나 NFT가 핫한 이유는 거래로 돈을 벌어 높은 수수료를 커버할 수 있기 때문인데 블록체인 게임같이 또 다른 잠재력이 있는 시장은 게임의 거래로 높은 수수료를 충당할 수 없기 때문에 이더리움에서는 거의 사용되지 않고 있다. 엑시 인피니티도 입출금과 자본의 뿌리만 이더리움을 사용하는 것뿐 게임 플레이는 그들의 블록체인인 로닌 블록체인에서 플레이하도록 한다. 따라서 공부를 많이 하고 이더리움 외의 플랫폼 블록체인이 또 다른 사용성을 가질 수 있는 것을 예상할 수 있다면 그것도 좋은 투자라고 생각한다. 이제 시작한 기술들이기 때문에 갈 길도 멀며 가는 도중에 실패할 프로젝트는 90%가 넘을 것이다. 인터넷 버블시대의 인터넷 기업들과 별반 다를 것이 없으며 잠재력은 크지만 위험한 암호화폐 시장에서 최대한 안전하게 긴 호흡으로 투자하는 것이 처음 암호화폐를 접하시는 사람한테는 가장 손해를 보지 않는 방법이지 않나 생각한다.

| 코인을 굳이 직접 투자할 필요는 없다 |

아직도 코인에 대한 기사들을 보면 꽤나 자극적이며 댓글들도 자극적이다. 코인을 튤립에 비교하기도 하고 도박이나 폭탄 돌리기라고 표현하고 있다. 어떤 기사에서는 코인이 계층이동의 마지막 사다리이기 때문에 사람들이 코인 투자를 하고 있다고 말한다. 17세기 1년도 지속하지 않은 튤립 버블과 비교하기에는 10년 동안 지속하고 있는 코인 시장이고 도박이나 폭탄 돌리기라고 말하기엔 너무나 많은 사람들이 장기간 암호화폐 지갑에 비트와 이더를 보관하고 있다. 닷컴 버블 때 무슨무슨 인터넷이 들어가면 상한가를 만들 때 계층 이동을 하기 위해서 투자자들이 투자했다고 생각하지 않는다. 인터넷이란 기술에 열광했기 때문에 과열된 투자를 하고 거품이 만들어진 것이다. 만약 인터넷이 가짜 기술이었다면 닷컴 버블만큼의 버블이 끼지 못했을 것이다. 지금 암호화폐 시장도 많은 버블이 껴있다고 생각한다. 하지만 블록체인과 암호화폐가 가짜 기술이라면 이만큼의 버블은 끼지 않았을 것이다.

캘리포니아 골드러시 때도 진짜 금이 발견되었기 때문에 사람들이 열광하고 금을 캐러 아메리카 드림을 외치고 떠난 것처럼 블록체인과 암호화폐도 투자자들을 열광시키는 무언가가 있으니 지금과 같은 가격 상승을 만들어내고 많은 벤처캐피털의 투자가 이루어지고 있다고 생각한다. 이 책은 암호화폐 시장 참여자들이 왜 열광하고 있는지를 정리한 책이다. 이 책을 통해 암호화폐 시장에 참여하지 않는 사람들도 쉽게 이해를 했으면 하고 쓴 책이기도 하다. 그렇지만 모두들 암호화폐를 사야 한다고 주장하는 것은 아니다. 캘리포니아 골드러시 때도 대부분의 사람들은 금을 캐지 못했고 닷컴 버블 때 상한가를 치던 기업들 중 아직까지 우리 곁에 남아있는 것은 거의 없다. 현재의 암호화폐 시장도 같은 전철을 밟을 것이라고 생각한다. 현재 거래되는 대부분의 코인은 실패로 돌아갈 것이다. 하지만 캘리포니아 골드 러시 덕분에 캘리포니아는 많은 성장이 이뤄졌고 닷컴 버블 이후에 진짜 인터넷 기술은 계속해서 발전해 지금까지도 IT의 전성기를 이끌고 있다. 암호화폐 시장도 버블이 언젠가는 터지겠지만 기술 자체는 계속해서 발전해 상용화와 대중화를 이끌 것이라고 생각한다. 이미 이더리움 블록체인에서는 사용자들이 하루에 수수료로 600억 원씩 내면서 사용하고 있으며 이더리움 블록체인 위에 올라가 있는 수많은 탈중앙화 거래소들은 몇 조원의 거래량을 발생시키고 있다. 이 외에도 수많은 앱들이 돌아가고 성공적인 앱들도 많다. 그리고 모든 앱은 이더리움 블록체인으로 연결되어 있다. 거기에 확장성 문제가 더 개발되어 해결된다면 수수료는 더욱 저렴해지기 때문에 더 많은 사람이 사용하고 사용성도 더 다양해질 것이다.

이러한 흐름에서 투자자들이 열광하는 부분은 제각각이지만 플랫폼 블록체인이 앞으로 10년 뒤에 어떻게 사용될지 정확하게 예상하는 사람은 전 세계에 아무도 없을 것이라고 생각한다. 또한 하나의 기술에 전 세계가 열광하는 기회는 자주 볼 수 있는 기회가 아니다. 금을 캐러 간 사람보다 청바지를 팔고 장비를 제공하고 캘리포니아에 먼저 정착한 사람들이 더 많은 기회를 잡을 수 있었던 것처럼 만약 암호화폐와 블록체인이 진짜 기술이라면 암호화폐에 직접 투자하는 것보다 더 많은 기회가 코인 투자 바깥에 있을 수 있다. 그런 의미에서 자본이 있는 사람들 뿐만 아니라 자본이 없는 사람들도 블록체인이나 암호화폐 시장에 간접적인 투자를 하는 것도 괜찮다고 생각한다.

강하민(코인트레이너)

| 약력 및 경력

- 레이더 마케팅/소프트웨어 엔지니어
- 코어사이언티픽 소프트웨어 엔지니어
- 아톰릭스랩 마케팅/소프트웨어 엔지니어
- '비트코인, 이더리움' 블로그 운영
- '코인트레이너' 유튜브운영

비트코인에 가려진 세상 이더리움
: NFT와 디파이는 이더리움에서 만들어졌다.

편저자   코인 트레이너

발행일   2022년 1월 2일(초판)
             2022년 1월 20일(2쇄)
             2022년 2월 30일(3쇄)
             2023년 7월 10일(4쇄)

발행처   지식오름

발행인   조순자

편집·표지디자인   권희정

팩 스   031-942-1152

※ 낙장이나 파본은 교환해 드립니다. ※ 이 책의 무단 전재 또는 복제행위는 저작권법 제136조에 의거하여 처벌을 받게 됩니다.

ISBN   979-11-91292-34-3

정 가   18,000원